Manfried Fischer

Bernried und die glücklichen Umstände

Eine Hommage zum 900. Jubiläum

Bernried
und die glücklichen Umstände

Eine Hommage zum

900. Jubiläum

von

Manfried Fischer

Bibliografische Information der Deutschen Nationalbibliothek:
Die Deutsche Nationalbibliothek verzeichnet diese Publikation in der Deutschen Nationalbibliografie; detaillierte bibliografische Daten sind im Internet über http://portal.dnb.de abrufbar.

ISBN 978-3-96103-806-0

Umschlagfoto: Gerhard Schubert

www.rediroma-verlag.de
12,50 Euro (D)

Inhalt

Zum Geleit ... 7

Prolog ... 9

Einladung zu einer Fahrt mit der *MS Phantasie* in die Abenddämmerung ... 13

An Bord. Eine kleine (virtuelle) Anregung für die Fantasie . 15

Ein wenig Geschichte: *Bernried und der Pfaffenwinkel* ... 27

Die liab woanad Frau ... 33

Die Fürstenzeit: *von Ferdinand Maria bis Ludwig II* ... 39

Die Dollarkönigin von Louisiana ... 44

Glückliche Umstände ... 56

Auf Umwegen nach Bernried ... 59

Himmel über Bernried ... 61

Zurück zum Anfang. *Annäherung an Bernried* ... 70

Hymnisches. *Allerheiligen* ... 84

Leben in Bernried ... 89

Glückliche Jahre im goldenen Bernried: ein falscher Eindruck? ... 98

Vom Sinn. *Und vom Humanismus.* ... 122

Muster und Strukturen. *Ein Nachwort.* ... 133

Anlage. *Begleitboote des Bucentaur* ... 139

Fußnote zu Seite 14. *Adelheid von Valley* ... 141

Fußnote zu „Allerheiligen“. ... 143

Verzeichnis der benutzten Quellen 145
Verzeichnis der Video-Filme von H. F. Fischer 147

Zum Geleit

Liebe Leser und Weggefährten!

Zu der nachfolgenden „Liebesgeschichte eines älteren Herren zu einer ewig jungen Dorfschönheit“, wie ich meine Hommage an Bernried am Starnberger See genannt habe, scheinen mir aufgrund der gegenwärtigen Weltlage zwei Vorbemerkungen angebracht zu sein.

Ich habe meine Geschichte vor nicht allzu langer Zeit mit der üblichen Formel zur Eröffnung eines Märchens “Es war einmal” zu schreiben begonnen. Das war vor der CORONA-KRISE. Heute kann ich diese Einleitung nicht mehr vertreten, ja, selbst meinen Titel würde ich so nicht mehr verwenden, obwohl der ja eine gut fundierte “historische Basis” hat. Doch *Glückliche Umstände* scheinen sich verflüchtigt zu haben, sind nicht mehr zeitgemäß, Märchengläubigkeit ist schwer erschüttert. Mit meiner Schilderung einer intakten Umwelt– und das ist sowohl auf die Natur und ihre Segnungen, als auch auf die Qualität des menschlichen Umgangs miteinander gemünzt - , möchte ich aber gerade zeigen, dass Solidarität und Vertrauen in Zeiten allgemeiner Verängstigung zwei ganz wichtige Stützpfeiler eines gelingenden menschenwürdigen Lebens sind!

Zweitens: das Wort Hommage, das in letzter Zeit zu einem viel strapazierten Modewort avanciert ist, entstammt einer Zeit, wo die Huldigung des Gebieters zu den inszenierten Pflichten des untergebenen Gefolges gehörte, passt also eigentlich nicht zu dem heutigen Sozialgefüge eines demokratisch konstituierten Gemeindelebens, wie es in Bernried nach meiner Einschätzung nahezu als Idealfall in Erscheinung tritt. Dies sollte vom Leser als Hintergrund-Szenario im Auge behalten werden, dem die vordergründige Liebesgeschichte als Erzählform allzu seicht erscheint. Liebe zur Heimat gehört nach meinem Empfinden zu den wertvollsten Gütern auf unserem blauen Planeten; sie erleben zu dürfen, und sei es in fortgeschrittenem Alter, darf also auch mit Fug und Recht zu den glücklichsten Umständen eines Individuums gezählt werden. So würde ich auch meinen Untertitel gern verstanden wissen.

Im Übrigen habe ich mich dazu durchgerungen, meiner Leserschaft eine Schilderung der CORONA-bedingten Umstände und Abenteuer meines Unternehmens zu ersparen, obwohl das ein Zeitzeugnis der besonderen Art abgäbe, aber zu meiner Intention, dem Leser eine vergnügliche Lektüre zu bieten, in hartem Kontrast stünde.

So möchte ich Dich, liebe Leserin, lieber Leser, nun als Einstieg in das Geschehen zu einer abendlichen Bootsfahrt auf dem Starnberger See einladen. Viel Vergnügen!

Prolog

Schon seit Tagen spüre ich es wieder, das Kribbeln in der Nase und auch sonst wo. Meine Mutter hätte das sicher als ein Zeichen angesehen, dass das Wetter umschlägt, je nach Jahreszeit, dass Schnee kommt oder auch der Frühling ausbricht, aber beides ist jetzt im Spätsommer 2019, da ich mit der Aufzeichnung meines Märchens beginne, eher unwahrscheinlich, und so bevorzuge ich eine andere Deutung: es will etwas bisher Eingesperrtes heraus. In einem Satz: in der Weitergabe des Wissens um die besondere Schönheit meiner neuen Heimat will ich auch bei anderen Schönheit-Suchern Neugier wecken und Freude bereiten, auch als Basis dafür, selbst weiter Freude daran zu haben, denn die schönste Freude besteht nach meiner Überzeugung im Weiterschenken von Freude.

Es sei mir erlaubt, diesen Zustand etwas ausführlicher zu schildern. Es geht um einen meines Wissens selten beschriebenen kreativen Prozess, der einerseits von innen herausbricht, andererseits aber wie ein Kuss von außen „appliziert“ wird, in meinem Fall als später Musenkuss für einen, der sich, schon in hohen Jahren stehend, langsam und nicht ungern damit abfindet, der Gattung *Schriftsteller* zugerechnet zu werden. Auch wenn das erst mal so gut wie nichts besagt. Ein Prozess, der übrigens durchaus nicht frei ist von unerfreulichen Symptomen, hier verkürzt und eher stellvertretend benannt mit Schlafstörungen der massiven Art sowie als Gleichgewichtsstörungen in dem Bereich, den ich einmal vorsichtig dem Gemüt zurechnen will. Von Krankheit sollte man dabei aber nicht sprechen, denn der Zustand ist im Regelfall ein erfreulicher und deshalb meist auch hoch willkommen. Dem, das kenne ich nun schon aus Erfahrung, ist am besten abzuhelfen, wenn man mit einigermaßen gut vorverdautem Wissen, klarer Motivation als ungefährer Richtungsgebung, - vielleicht am besten charakterisiert mit dem Begriff *„Vision des Ziels"* - vor der Schreibmaschine sitzt. Den Kuss der Muse will ich aber doch als auslösenden Impuls voranstellen, denn ohne diesen würde es ein hartes Ringen werden, und die Freude dabei wohl eher ein seltener Gast.

Vielleicht wird diese meine Aussage von einigen Lesern als reichlich arrogant und selbstherrlich empfunden, und auch ich bin fast ein bisschen erschrocken: Ich will aber nichts davon zurücknehmen, denn mein Bekenntnis bietet mir die Gelegenheit, einen meiner wichtigsten Lebensgrundsätze zu verraten*: ich selbst bin meines Glückes Schmid.* Dieser ja durchaus weithin bekannte Grundsatz wird etwas deutlicher pointiert, wenn ich ihn auf mein Thema „Musenkuss" ummünze, denn dann wird vielleicht klarer, was ich sagen will: ***wie ich die Welt sehen und deuten will, ist allein meine Entscheidung***, also Kuss oder auch Ohrfeige. Ich bitte Dich, lieber Leser, um Nachsicht, dass ich diese Leitlinie hier schon am Anfang nenne und nicht erst als abschließende Krönung; ich halte dies aber bei Licht besehen für ganz gut und richtungweisend für Deine Interpretation meiner „glücklichen Umstände". Vielleicht wird mir bei dieser meiner interpretatorischen Feststellung nicht jedermann zustimmen, aber das ist sozusagen systemimmanent: es hat mit dem Wirken dessen zu tun, was die Wissenschaftler, genauer gesagt die Quantenphysiker heute recht vorsichtig mit dem Schlagwort „Göttliches Design" belegen; früher hat man das etwas allgemeinverständlicher das (Mit-)Wirken göttlicher Kräfte genannt. Dein Autor, so viel sei hier schon gesagt, kleidet das gern in das Bild der Musen als den Symbolen des von ihm ein Leben lang liebevoll hochgehaltenen Ideals seiner einst genossenen humanistischen Schulbildung. Ich werde später noch einmal darauf zurückkommen.

Da es bekanntlich neun verschiedene Musen gibt, darf ich vorstellen, wen ich da in erster Linie meine: es ist *Polyhymnia,* die, ich sage das mit Stolz, mich seit meiner Studentenzeit gelegentlich liebevoll begleitet. Ich weiß, dass das eine ziemlich kühne Behauptung ist, denn noch hat die Welt ja wenig „Hymnisches" von mir gehört. Umso mehr ist es an der Zeit, mich etwas intensiver mit ihrer Hilfe auf dieses Feld zu begeben. Anlass dazu gibt es eine Menge, denn seit fünfzehn Jahren darf ich dieses Dorf Bernried in einer der schönsten Landschaften Deutschlands, allgemein bekannt als der

Pfaffenwinkel, meine Heimat nennen. Und das passiert genau zu einer Zeit, in der Bernried ein großes Jubiläum feiert, denn 1120 wurde es erstmalig urkundlich erwähnt, und das ist jetzt 900 Jahre her. Mit hoher Wahrscheinlichkeit dürfte die eigentliche Dorfgründung sogar schon in vorkarolingischer Zeit, also im 8./9.Jahrhundert gelegen haben, ist aber damals ganz bestimmt nicht gleich urkundlich besiegelt worden. Ein Beweis für diese Vermutung ist eine Chorschrankenplatte, die aus dieser ersten Gründungsphase des Pfaffenwinkels stammt, in der auch alle anderen bedeutenden Klöster des Umlands bereits eine erste Existenz verzeichnen können, und die bei späteren Umbauarbeiten in der hiesigen Martinskirche gefunden wurde und erhalten geblieben ist.

Dass die Existenz Bernrieds zu den glücklichen Umständen zu zählen ist, wird sicherlich von allen, die hier wohnen dürfen, ohne Zögern bestätigt werden, vermutlich aber auch von flüchtigen Besuchern gebilligt, denn nach allen mir bekannten Bekundungen werden die Schönheit und der Charme dieses Ortes ja einhellig gelobt.

So viel also schon vorab zu dem Begriff „glückliche Umstände“.

Einladung zu einer Fahrt mit der *MS Phantasie* in die Abenddämmerung

Da habe ich nun schon einige Wochen in meiner morgendlichen Kreativ-Dämmerstunde, die oft schon weit vor Tagesanbruch beginnt, nach einem passenden, wenn möglich auch packendem Einstieg in mein Vorhaben gesucht, indem ich alle möglichen Angelhaken ausgeworfen habe, wie ich das eben als Fischer so gelernt habe, aber es hat nichts angebissen, was den gewünschter Erfolg versprochen hätte. Ja, das weiß ein Fischer recht schnell, ob ein Fang lohnend ist oder nicht. Allerdings ist es auch nicht selten, dass das verräterische Zucken an der Angel vom unaufmerksamen Fischer gar nicht bemerkt wurde, sondern erst einige Zeit später. Es gibt dafür die treffende Benennung, die heute allerdings etwas aus der Mode gekommen ist: *„und da fiel es ihm dann plötzlich wie Schuppen von den Augen“: Eine in den Briefkasten geflatterte Einladung war in diesem Fall nach meiner Überzeugung der Musen-Kuss, der meinem langen Suchen ein glückliches Ende setzte.*

Es ist nun schon eine Tradition, dass der Bernrieder Freundeskreis des Buchheim-Museums einmal jährlich für seine Mitglieder eine abendliche Dampferfahrt auf dem Starnberger See in den Sonnenuntergang hinein veranstaltet. Auch in diesem Jahr traf die schriftliche

Einladung dazu wie gewohnt bei mir ein und wurde durchaus auch wahrgenommen und registriert. Ich dachte noch so bei mir, ich könnte vielleicht anbieten, auf dem Schiff für Interessierte etwas über den Ort des Geschehens, seine Geschichte und vielleicht auch weniger bekannte Begebenheiten rund um den Starnberger See zu erzählen. Erst zwei oder drei Tage später begriff ich plötzlich, dass ich mit dieser Einladung den Aufhänger zugespielt bekommen hatte, mit dem ich auch mein geplantes Buch einleiten könnte. Mit den gewichtigen Stichworten Buchheim-Museum, Bernried, Phantasie und Abenddämmerung hatte ich ja schon einige Glückslose gezogen, die auch beste Zugpferde für mein Vorhaben abgeben würden, als eine Hommage an Bernried ein adäquates Dankeschön – früher und auch heute noch auf altbairisch hätte man an dieser Stelle gesagt: ein Vergelts-Gott – zu sagen. Dass dabei als Vehikel auch noch eine Fahrt in der Barke, die dem Sonnengott Re für seine Fahrt durch die Dunkelheit dient, die Grundlage bieten würde, ist für mich als Skipper und Segler natürlich ein – bairisch ausgedrückt: „g`mahts Wieserl“ und weckt meine Lebensgeister.

Also legen wir ab, hinaus in den wundervollen jungen Abend, der Sonnenuntergang wartet nicht.

Leinen los!

An Bord. Eine kleine (virtuelle) Anregung für die Fantasie.

Einen wunderschönen guten Abend wünsche ich Euch, liebe Freunde auf der ***MS Phantasie***. Ich bin heute hier an Bord Ihr Gastgeber und verspreche Ihnen eine Rundfahrt der etwas anderen Art: wir wollen zusammen nicht nur die Begegnung von Sonne und Mond, sozusagen die Stabübergabe des Lichts von der Leuchte des Tages zur Leuchte der Nacht beobachten und genießen, sondern darüber hinaus ein wenig von der schönen Weltecke, in der wir leben dürfen, an uns vorbei ziehen lassen und uns dabei von der *Phantasie* leiten lassen, derjenigen, die mit ihrem ruhigen, unaufgeregten Gebrumm hier den Ton angibt, und derjenigen, die wir aus unseren eigenen Tiefen schöpfen können. Dabei soll es weniger um das gehen, was alle Fremdenführer ohnehin schon an Wissen verbreiten, sondern mehr um das, was ein Neubürger, zu denen ich mich mit meiner 15 jähriger Bernried-Erfahrung auch noch zähle, im Laufe dieser Zeit aus allen möglichen Quellen und aus eigenem Erleben so eingesammelt hat. „Eingeborene“ werden zwar vermutlich wenig Neues erfahren, aber sie können wenigstens ihr vielleicht schon etwas verloren gegangenes Wissen wiederauffrischen.

Zunächst bedeutet ein Leben im Pfaffenwinkel natürlich in erster Linie ein Leben in einer der schönsten Landschaften, die unser Planet zu bieten hat, und dazu sollte man doch auch Einiges von ihrer Entstehung und ihrer Geschichte wissen.

Beginnen wir also mit einigen wenigen Fakten des nautischen und astronomischen Geschehens. Unsere kleine Barke, so nennt man so ein mastloses Gefährt gleich welchen Antriebs, befindet sich hier auf dem Südteil, deshalb auch gelegentlich „Südsee“ genannt, auf dem kleinen Überbleibsel eines einst bedeutenden Meeres, eines Gewässers, das nur wenigen vom Namen her bekannt sein dürfte: es hieß Tethis und war Teil des Mittelmeeres zu einer Zeit, als sich die Alpen noch nicht gebildet hatten. Das Klima war Mittelmeerklima, entsprechend die Flora und Fauna. Das erklärt, warum die Alpen bis in hohe Regionen aus Kalk bestehen und Einschlüsse von Meerestieren aufweisen. Und das war vor etwa 20 Millionen Jahren. Im Laufe der Zeit hat sich das Klima mehrfach verändert, Eiszeiten folgten Warmzeiten und umgekehrt. Das haben wir wohl alle einmal in der Schule gehört, aber so sehr viel ist davon oft nicht hängengeblieben. Wirklich für uns Heutige interessant beginnt es ab der letzten Eiszeit zu werden, der sog. Würm-Eiszeit, die unsere Landschaft so geprägt hat, wie wir sie heute vorfinden. Dazu gehören die Moränen als Mitbringsel der Gletscher, die Drumlins, die vielen Toteisseen und Moore und, ganz wichtig, die

Flussläufe unserer Gebirgsflüsse, wie sie jeweils ihre Betten gesucht und gefunden haben. Der Würm-See, wie er bis 1962 ja noch offiziell geheißen hat, ist in diesem Punkt absolut privilegiert und wird deshalb auch noch Münchens Badewanne sein, wenn der Ammersee und der Chiemsee, das Bayerische Meer, längst verlandet und ausgetrocknet sein werden. Der Grund, und das ist schon ein für uns glücklicher Umstand: unser See hat keinen Zulauf, der aus dem Gebirge Unmengen von „Geschiebe“ mitführt und sein Becken zuschüttet. Man kann den Unterschied zwischen Ammersee und Starnberger See aus einem Vergleich der Luftaufnahmen heute schon ganz deutlich sehen. Und wer Taucher ist, weiß natürlich, dass der Starnberger See mit der Allmannshauser Wand und einer Tiefe von 127,8 Metern ein durchaus anspruchsvolles und auch nicht ungefährliches Revier darstellt im Vergleich zu den weit flacheren Konkurrenten. So gibt man unserem See auch noch eine über 100.000- jährige Überlebenschance, dem Ammersee dagegen nur von ca. 20.000 und dem Chiemsee gar von unter 10.000 Jahren. Obwohl der Chiemsee an Fläche wesentlich größer ist als der Starnberger See, führt dieser doch deutlich mehr Wasser, ist so gesehen also der wasserreichste See des Alpenvorlands.

Wann der Mensch damit begonnen hat, die Schönheit dieser Gegend zu entdecken, weiß man nicht. Aus den geologischen Spuren lässt sich entnehmen, dass schon sehr früh Trupps von Jägern und Sammlern hier durchgezogen sind, gerodet haben, die Rodungen aber nach einiger Zeit wieder aufgegeben haben. Erst nach dem Sesshaft-Werden und dem Beginn von Ackerbau und Viehzucht veränderte der Mensch auch seine Umwelt, in dem er seine Rodungen verteidigte und ausbaute. Die Entwicklung von der Naturlandschaft zur Kulturlandschaft hatte damit begonnen.

Um unserer Fantasie ein wenig mehr Futter zu geben, kann man sich unsere Umgebung mit den Augen eines Neuankömmlings an den Ufern des Würm- oder auch Wirmsees, wie er wohl Jahrtausende geheißen hat, etwa so vorstellen:

eine weithin mit Wald überwachsene Landschaft mit gelegentlichen Rodungen; der ursprünglich dominante Kiefernbestand ist von Eichen, Haseln und Buchen verdrängt; in den Wäldern tummeln sich Auerochsen, Nashörner und Wildschweine, dagegen dürfte der Urelefant, schon weitgehend ausgerottet gewesen sein. Dafür gab es einen inzwischen längst ausgestorbenen Hunde Bär, sowie ein Krallentier, eine Art Mischung von Pferd und Gorilla.

Woher man das alles weiß? Natürlich aus Grabungen wie etwa dem Erdaushub von Ziegeleien; so gibt es eine derartige Fundstelle bei Tutzing, wo man offenbar ein Entsorgungsproblem, das es wohl schon auch damals gab, dadurch löste, dass man die Zivilisationsreste dort verscharrte. Vor allem aber hat die Pollenanalyse von Bohrkernen da in letzter Zeit viele neue Erkenntnisse gebracht. Man darf gespannt sein, ob sich die DNA-Forschung mit ihren unglaublichen Erkenntnissen für die Frühgeschichte der Menschheit auch in der Geologie auswirken kann!

Übrigens habe ich da einen Tipp für Sie, wenn Sie sich für diese entwicklungsgeschichtlichen Themen interessieren: machen Sie einmal einen Besuch auf dem um die Michelskirche in Seeshaupt gelegenen Friedhof. Dort stehen Sie auf einer Eisrandterrasse vor einem eindrucksvollen Familiengrab, sozusagen wie vor einem antiken Amphitheater; in dem Grab ist mit Edith Ebers die Eiszeitforscherin des letzten Jahrhunderts, bekannt als das „Gletscherfräulein" begraben. Und nicht weit davon, in Iffeldorf, befindet sich an den Osterseen das limnologische Institut der TU München, das auf diesem Gebiet forscht.

Nun ist es für einen Hobby-Forscher wie mich eine große Versuchung, auch von anderen Fundstätten, wie etwa der Roseninsel mit dem dort gefundenen gut erhaltenen Einbaum sowie überhaupt über die fortschreitende Besiedlung der Ufer und der Höhenzüge durch den Menschen zu berichten, doch das würde den Rahmen unserer kurzen Fahrt sprengen. Geht es ja auch nur darum, ein Gefühl für Raum und Zeit in der unmittelbaren Umgebung unseres Wohnorts zu entwickeln; so will ich auch im Folgenden auf die bekannte Geschichte, wie sie andernorts gut beschrieben ist, weitgehend, aber mit einigen uns unmittelbar betreffenden Ausnahmen, verzichten.

Damit sind wir auch wieder beim Ausgangspunkt angekommen. Der Mond steht schon ein ganzes Stück höher und dafür ist der letzte Widerschein der Sonne nur noch an einem violetten Schimmer über dem West-Horizont zu ahnen. Dafür sind die wichtigsten Sternbilder des sommerlichen Nordhimmels, allen voran der hell leuchtende Jupiter, (der zwar bekanntlich selbst gar kein Stern ist, sondern wie der Mond eine Art Sonne-Reflektor), gut zu erkennen; sie werden heute wegen des hellen Vollmondes aber doch relativ blass bleiben. Und die Zeit der Sternschnuppenschwärme wie die Nereiden, im Volksmund auch Laurentiustränen genannt, die am 13. August ihren Höhepunkt hatten, ist ohnehin längst vorbei.

Leider ist der von Herrn Behnisch dem Museum der Phantasie zugedachte Steg etwas hoch angesetzt, so dass wir nicht direkt in Buchheims Phantasiereich hinüberwechseln können. Nur nebenbei: wussten Sie schon, dass dieser Steg inzwischen zu einem beliebten Ort für Trauungen mutiert ist? Gar nicht schlecht als Startpunkt für eine fantasievolle Reise durch ein gemeinsames Leben!

Eines kann ich mir aber doch nicht verkneifen: den Hinweis auf den Mann mit dem BOOT. Eigentlich ist es ja bedauerlich, dass sein BOOT, mit dem er dem breiten Publikum bekannt geworden ist, immer noch in Geiselgasteigs Filmateliers herum dümpelt und nicht hier seinen letzten Ankerplatz gefunden hat. Immerhin hat ihm sein Freund Klaus Doldinger mit seiner unvergesslichen Musik zum Film hier vor nun schon elf Jahren zu dem Fest aus Anlass des ein-millionsten Besuchers einen letzten Zapfenstreich ins Grab geschickt, worüber es übrigens auch einen von mir gedrehten Dokumentar-Film gibt.

In etwas lockerer Runde können wir aber doch noch den Abend beschließen mit eben dem Thema „Boot".

Zunächst mag Ihre Fantasie die Nachricht anregen, dass die Barke, die uns gerade über den See getragen hat, schon bald auf dem Museumsgelände, wo sie vielleicht ganz gut zu dem Hubschrauber passt, geparkt werden soll; sie ist wohl inzwischen auch schon eine alte Dame mit ausgeleiertem Kreuz, wie ein alter Seebär das wohl so uncharmant wie zutreffend ausdrücken würde. Aber als Malschule für Kinder kann sie noch gute Dienste leisten.

Dazu noch ein paar generelle Anmerkungen zur See-Schifffahrt auf dem Starnberger See.

Falls Sie einmal die Kirchenführung von und mit unserem Bürgermeister Josef Steigenberger gesehen haben – ja, es gibt da einen entsprechenden Film -, so werden Sie sich wahrscheinlich erinnern, dass dieser Film mit einem bayerischen G`sangerl beginnt, natürlich vom *Bernrieder Dreigesang* mit Josef Steigenberger gesungen, mit dem Text:

Jetzt fahr ma mit der Zuin auf´n See,

und fanga die Fischerl, juchhe!

Vermutlich haben Sie mit dem Wort *„Zuin"* erst einmal auch nicht viel anfangen können, aber genau da liegen die Anfänge des Schiffsbaus, denn dahinter steckt das Wort *Zille,* was Nachen oder Einbaum bedeutet. Der Gegensatz dazu ist die *Plätte,* also das Flachbodenschiff ein Lastenschiff. Man könnte auf den Gedanken kommen, dass auf dem ja doch relativ kleinen See, noch dazu ohne Anbindung an ein anderes schiffbares Gewässer, wohl kein großer Schiffsverkehr stattgefunden hat, doch ist dem nicht so. Das wird einem schnell klar, wenn man sich vor Augen hält, wie lange es mit einer Kutsche gedauert hat, um etwa von Bernried nach Berg auf der anderen Seeseite zu kommen. Nun gab es so um die Jahrtausendwende vom ersten ins zweite Jahrtausend natürlich noch keine See-Taxis, aber es gab für die zugelassenen Fischer eine Beförderungspflicht für Passanten, gegen Entgelt natürlich. Ich habe aber keinerlei Vorstellung davon, wo und wie oft man überhaupt mit einer Postkutsche von wo nach wo fahren konnte, und eine See-Umrundung dürfte wohl eine halbe Weltreise bedeutet haben, wenn man nicht ein Boot zur Verfügung hatte. Aber bitte fragen Sie mich jetzt nicht auch noch, seit wann es Segelboote auf dem Starnberger See gegeben hat; zu meiner Schande muss ich gestehen, dass ich darüber gar nichts weiß.

Die Fischerei ist übrigens ein exzellentes Beispiel für ein gut organisiertes juristisches Regelwerk schon in der Frühzeit; Ausdrücke wie Fischgerechtigkeit und Berufe wie Fischmeister und Fischkäufler geben dazu entsprechende Hinweise. Und wenn Sie in Seeshaupt vom Dampfersteg ein paar Schritte auf das feste Ufer getan haben, finden Sie eine steinerne Säule, an der die niedere Gerichtsbarkeit gehandhabt wurde und Streitigkeiten auf See geregelt und gegebenenfalls auch geahndet wurden. Dabei galt der Grundsatz, dass nicht nur der See sondern auch seine animalischen Bewohner der Obrigkeit gehörten und dementsprechend als erstes dem Hof in München zustanden; erst was dort nicht gebraucht wurde, konnte am Würmsee verkauft werden. Übrigens galten die Renken vom Starnberger See den wohlhabenden Feinschmeckern in der Hauptstadt und darüber hinaus schon damals als das Beste, was es auf diesem Gebiet weit und breit zu kriegen gab!

Zu der Schifffahrt der gehobenen Art, den berühmtberüchtigten Seefesten als sommerliche Höhepunkte des höfischen Lebens kommen wir später noch. Hier darf aber ein Hinweis nicht fehlen, dass große Lastschiffe für den Schwerverkehr durchaus üblich zum Transport von Baumaterialien, Kalkstein und auch Holz eingesetzt wurden. Dass dieser Schwerlastverkehr inzwischen ausgestorben ist, bedarf wohl kaum einer Erwähnung, dafür ist es aber vielleicht überraschend zu erfahren, dass auf dem See bereits im Jahr 1851 Dampfer fuhren, bevor man mit der Eisenbahn von München zum Starnberger See gelangen konnte; das war dann erst ein paar Jahre später.

Ein ganz besonderes Schmankerl möchte ich Ihnen in diesem Zusammenhang noch einpacken, sozusagen ins *„Bschoadtücherl".* Sie wissen nicht, was das ist? Ganz kurz erklärt: bei einer zünftigen bayerischen Hochzeit ist es der Brauch, dass die Gäste von dem übrig gebliebenen Essen noch eine kleine Brotzeit mit nach Hause nehmen dürfen. Dafür dient das Bschoadtücherl als Behältnis. Auf Hochdeutsch steckt wohl das Wort „Bescheid geben" dahinter.

Wenn ich sagte, dass ich Ihnen ein Schmankerl mitgeben möchte, so meinte ich: den Hinweis auf mein Lieblingsbuch, in dem sie, wenn sie es noch irgendwo antiquarisch erwerben können, ganz viel über das Leben in früheren Zeiten an unserem See beschrieben finden und gleichzeitig eine typische Liebesgeschichte, wie sie sich vor etwa zweihundert Jahren in der Gegend abgespielt haben mag. Das Buch heißt: *Die Fischerrosl von St. Heinrich* und entstammt der Feder eines Herrn Maximilian Schmidt. Dass dieser heute weitgehend unbekannte Schriftsteller aus dem Bayerischen Wald ein sehr fähiger Mann war, lässt sich an dem Faktum erkennen, dass er vom Bayerischen König Ludwig II mit dem Titel *Königlicher Hofrat* ausgezeichnet wurde für diesen *„Bestseller“*, wie man heute sagen würde. Übrigens erhielt er zu dem Titel auch einen Namenszusatz: *Waldschmidt,* wegen seiner Herkunft aus dem bayerischen Wald. Von seinen vier Romanen, die er über seine neue Heimat im Auftrag des Königs geschrieben hat, konnte er offenbar recht gut leben, denn er kaufte sich in Tutzing das Midgardhaus, das Sie vielleicht als Nobel-Restaurant mit dem Fernsehkoch Fritz Häring kennen.

Der Reiz des kleinen Buches liegt in der hübschen Beschreibung des einfachen Lebens eines Fischers am See, als es weder Eisenbahn noch Dampfschiffe gab. Die Hauptperson ist eben die Fischerrosl, die aber weder verwandt noch verschwägert mit meiner Familie ist, die zwar auch über Jahrhunderte das Fischerhandwerk ausübte, aber in einer ganz anderen Gegend Deutschlands.

Nur als Fußnote: Die Wirtschaft *Fischerrosl in St Heinrich* ist tatsächlich die Heimat der Rosl, aber die heutigen Pächter, die erst vor kurzem die Wirtschaft übernommen haben. kennen noch nicht einmal mehr das Buch.

Aber nicht nur die Landschaftsbeschreibungen des Herrn Waldschmidt lohnen die Lektüre; er hat vielmehr auch gut recherchierte Beschreibungen aus der Zeit der

Prunkschifffahrt in sein Buch verwoben, die interessant und amüsant zu lesen sind.

Den besinnlichen Teil unserer heutigen „einführenden“ Runde auf und um den See möchte ich aber noch mit einem anderen Stichwort beenden, das in unserer Zeit weitgehend zum Fremdwort geworden ist: das gemeinsame Singen, das noch vor hundert Jahren zur Abend-Unterhaltung dazugehört hat. Dort wo ich aufgewachsen bin, gar nicht weit von hier, nämlich am Wörthsee, verging ein schöner Tag selten, ohne dass in froher Gesellschaft von irgendjemand das alte Claudius-Lied angestimmt wurde: *Der Mond ist aufgegangen.* Der aus den Wiesen steigende *weiße Neger Wumbaba* war da zwar noch nicht geboren, aber um so inniger sang ich als Kind das Lied und die letzten beiden Zeilen mit: *so lass uns ruhig schlafen und unseren kranken Nachbarn auch,* selbst wenn mir weit und breit kein solcher bekannt war.

Und genau das wünsche ich Ihnen jetzt auch und bedanke mich fürs Mitfahren und Zuhören.

Ein wenig Geschichte: *Bernried und der Pfaffenwinkel*

Nun, der Mann mit dem BOOT, der auch der Mann mit der Klappe und der Mann mit den *Gulliratten* ist, ist nicht Bernried, und Bernried ist auch nicht nur das Buchheim-Museum, aber wie beides zusammengekommen ist, das ist doch eine etwas längere Betrachtung wert, denn so wie alles mit allem zusammenhängt, so könnte man durchaus auf die Idee kommen, dass dies von Anfang an in einem großen Masterplan so angelegt war. Und dieser Anfang liegt mindestens 900 Jahre zurück. Dazwischen liegen naturgemäß unzählige Ereignisse von hoher und auch weniger hoher geschichtlicher Bedeutung, mit unvergessenen Namen verbunden, von dem Gründer, besser Stifter Otto von Valley und seiner Gemahlin Adelheid von So-und-so bis zu einem gewissen Edmund Stoiber sowie einem noch heute in Bernried lebenden und verehrten Alt-Bürgermeister Walter Eberl. Alle übrigens mit Migrationshintergrund. Von in Bernried Geborenen wird dafür so gut wie nicht die Rede sein, selbst ihr eigentlicher Gründer und unbekannter Namensgeber ist zwangsläufig ein Zuzügler. Wann sich dieser Ankömmling hier niedergelassen hat, wird wohl nie genau datiert werden können, auch nicht mit Sicherheit sein Name: Bero oder Pero, so wird vermutet; oder einfach vom Siedlungsort abgeleitet: **Rodung mit Bären.** Jedenfalls ist es in der

Regel ein Bär, der das Wappen Bernrieds in seinen Pranken hält, allerdings auch gelegentlich etwas umgedeutet in einen Löwen statt eines Bären.

Zu der Namensgebung bin ich von meiner Schwiegertochter darauf aufmerksam gemacht worden, dass die Ableitung von *Ried* aus Rodung zumindest umstritten ist. Der Duden übersetzt das Ried mit *einem Vegetationsstandort bodennasser Standorte (Röhricht).* Im Zweifel sollte man sich in dieser Frage an die landesübliche Namensgebung halten, die die den Berg oberhalb des Friedhofs mit *Binselberg* bezeichnet, was meines Erachtens um etliche Nuancen hübscher klingt als das gelehrte Duden-Deutsch.

Wahrscheinlich ist, dass es schon zu der Zeit, als Otto von Valley der von irgendwoher kommender Einflüsterung gefolgt ist, zum Wohle seines nicht eben um die Ecke beheimateten Geschlechts ein Augustiner-Chorherrenstift ausgerechnet am Würmsee zu stiften, schon ein Jagdschloss der Valleys gab. Immerhin scheint in der Zeit eine ansteckende Krankheit ausgebrochen zu sein, die vor allem im Adel grassierte, die ich einmal unwissenschaftlich *als Stifteritis* bezeichnen möchte. Ein Kloster oder eine Kirche sollte es schon sein, aber auch die Stiftung des eigenen Herzens an eine Gnadenstätte, also eine Frühform von Organspende, war genehm (siehe die Herzen der bayerischen Herzöge in Altötting). Dem Hause Valley, genauer dem Zweig, dem Otto vorstand, hat das allerdings wenig geholfen, denn es ist bald danach untergegangen. Übrigens hält die Behauptung, seine Frau Adelheid wäre eine sizilianische Prinzessin gewesen, kritischen Nachforschungen nicht stand. Heute glaubt man, sie sei von örtlichem Adel gewesen (s. Fußnote zu Adelheid im Anhang). Damit würde sich auch die bisherige Überlieferung als ein Märchen erweisen, dass Graf Valley vom französischen König eine wertvolle Reliquie, eine Armspange des Heiligen Martin geschenkt bekommen habe, die er seinem Stift in Bernried vermacht habe. Ich erwähne das vor allem deshalb, weil diese Geschichte ganz unerwartet im Vorfeld des 350sten Jubiläums der zweiten Kirchenweihe des Stifts, also 2007, Furore machte, denn die Reliquien, von der die Chroniken mehrfach berichtet hatten, waren plötzlich peinlicherweise nicht mehr auffindbar. Kurz vor dem Jubiläumstag allerdings fand unser Mesner Helmut Schindler bei dem „Domschatz" der Stiftskirche zwei silberne Gebetstafeln, in deren Ornamentik verschiedene Posamenten verarbeitet und auch als Reliquien mit dem Schriftzug „Martin" gekennzeichnet waren; sie wurden dann auch bei dem Festzug einige Tage später mitgeführt. Ich selbst konnte mich bei Filmaufnahmen zu meinem Film *„Vivat Bernried"* von diesem eklatanten Beispiel für den schwunghaften Reliquienhandel des frühen Mittelalters von der Richtigkeit der Beweisführung überzeugen. Unsere Gemeinde-Archivarin Frau Dr. Walburga Scherbaum hat sich verdienstvollerweise mit der Geschichte des Stifts ausführlich beschäftigt und ihre Ergebnisse in einem Buch in der Reihe „*Germania Sacra*“ veröffentlicht. Ich kann allen Interessierten die Lektüre dieses Buches nur wärmstens empfehlen, denn es ermöglicht höchst aufschlussreiche Einblicke in die Anfangszeit des Pfaffenwinkels, zu dem Bernried mit seinem Chorherrenstift einen, wenn auch bescheidenen, Beitrag geleistet hat.

Überhaupt ist es für den Geschichtsinteressierten ein sehr lohnendes – und bei Einbeziehung der vielen Legenden durchaus auch amüsantes Unternehmen, sich einmal ein Bild zu verschaffen über die Entstehung der Klöster im Pfaffenwinkel und dabei vor allem ihre Gründungsphasen miteinander zu vergleichen, doch würde das den mir selbst gesetzten Rahmen für mein Buch deutlich sprengen.

. Eine nicht allgemein bekannte Geschichte möchte ich aber doch herauspicken, weil sie so eindrücklich deutlich macht, dass auch vor 900 Jahren manches nicht viel anders war als heute.

So werden aus dem ersten Jahrhundert seines Bestehens einige Gestalten genannt, deren Namen und Taten bis heute überlebt haben. Das ist einmal ein Pater Paulus Bernriediensis, der den Beinamen *der bayerische Livius* nach dem damals viel gelesenen römischen Geschichtsschreiber führte. Neben einer Lebensgeschichte des Papstes Gregor VII hat er als Hauptwerk eine Vita der seligen Herluka hinterlassen.

Diese scheint mit Paulus zusammen schon zu den Erstinsassen des Chorherrenstifts gehört und mit dem Odium der Neuerer und Aufrührer behaftet in Bernried einen Zirkel von Gleichgesinnten versammelt zu haben. Aus der Zeit gibt es auch Hinweise, dass Bernried damals ein Doppelkloster war, also auch eine weibliche Abteilung führte. Herluka wird übrigens in Bernried auch heute noch verehrt und ist als überlebensgroße gotische Figur in der Martinskirche zu besichtigen.

Zu einer oder einem von der Kirche anerkannten Heiligen hat es Bernried aber nicht gebracht.

Dem aufmerksamen Leser wird vielleicht nicht entgangen sein, dass die Jahresangaben zu den Jubiläen nicht zueinander passen. Das kommt daher, dass die Martinskirche nach weitgehender Verwüstung und Entweihung durch den Gebrauch als Pferdestall im 30jährigen Krieg neu geweiht werden musste. Aber es gibt da auch noch einen zweiten Grund zur Verwirrung: Bernried, heute zwar zu einem recht stattlichen „Nest“ von knapp 2400 Einwohnern angewachsen, war bis zum Ende des Dritten Reiches nur einige hundert Bürger stark, hat seit dem 14.Jahrhundert zwei Kirchen: einmal die Martinskirche, also die Stiftskirche, die 1120 erstmals urkundlich erwähnt ist, und seit 1382 die kleine Bauernkirche, die der Himmelfahrt Mariens geweiht ist. Diese liegt gleich auf der anderen Seite des Klosterhofs, firmiert auch als Friedhofskirche und als Hofmarkskirche. So hatten über mehrere Jahrhunderte die Kleriker und hohen Herren die prunkvolle geistliche Basilika und das bäuerliche Volk eine vergleichsweise einfache Dorfkirche mit den ihnen besser vertrauten Nothelfern als Zierde. Dann kam 1803 die Säkularisation, das Kloster wurde aufgelöst und die Stiftskirche wurde zur Pfarrkirche der Gemeinde. Damit war die kleine Hofmarkskirche überflüssig und sollte schon abgerissen werden, als sich die Gemeinde dazu entschloss, sie auf eigene Kosten weiter zu führen. Sie ist damit eine der wenigen kirchlichen Einrichtungen, die nicht der Kirche, sondern einer Gemeinde gehören. Dazwischen liegen bewegte Zeiten, in denen Bernried zu einem hoch frequentierten Wallfahrtsort wurde, mit der Folge, dass die Hofmarkskirche, die im Wesentlichen das Ziel der Wallfahrten war, um eine Gruftkapelle erweitert werden musste. Die Wallfahrten gehören seit langem der Vergangenheit an, nur einmal im Jahr, am 15. August, also an Mariä Himmelfahrt, gibt es noch eine kleine Wallfahrt mit abendlicher Lichterprozession. Aber nach wie vor gibt es die zwei Madonnen, die sogar einige Zeit um die Vorherrschaft miteinander gerungen haben.

Die liab woanad Frau

Dies ist nun eine recht ungewöhnliche Geschichte, und ich bin fast sicher, dass manche sie ganz gern aus den Fremdenführern Bernrieds gestrichen sehen würden, denn heutigen Ohren klingt sie doch reichlich „krass“, wie das Modewort dafür lautet. Ich will aber versuchen, die Geschichte verständlich zu machen, wobei verständlich auf mich bezogen ist und keine Garantie gegeben ist, dass auch meine Leser sich dieses Verständnis zu eigen machen werden.

In jedem besseren Führer über den Pfaffenwinkel kann man die Geschichte nachlesen, wobei inzwischen sehr behutsam betont wird, dass es sich um eine Legende handelt. Demnach soll eines Morgens von See her eine fast lebensgroße Pieta am Ufer bei Bernried angeschwemmt worden sein. Angaben, wann sich dieses erstaunliche Wunder ereignet hat, habe ich nirgends gefunden. Ich vermute, dass es in der Zeit des heftigen Wallfahrtsschubs war, der ja, wie wir schon wissen, der bäuerlichen Pieta in der Hofmarkskirche galt; diese kann dort auch heute noch in der Gruftkapelle besucht und besichtigt werden. In der Tat ist es eine Frage des Geschmacks, ob man die Frau mit dem unverkennbar alpenländischen Kropf schön findet oder nicht, besser gesagt: ob man sie mag oder nicht. Kenner schätzen sie jedenfalls als ein wertvolles Zeugnis frühgotischen Stils. Aber wie das so ist mit „altem Glump“, wie man in

Bayern sagt: was Generationen lang verehrt wurde, gehört plötzlich zum alten Eisen und wird an städtische Sammler billig verhökert, um vermeintlich Schönerem zu weichen. Vielleicht gab es da irgendwann ein kleines Abflauen des Wallfahrerstroms, dem man entgegenwirken wollte, und so kam dann vermutlich die Frage hoch, wie man die ausbleibenden Verehrer durch eine attraktivere Madonna wieder zurücklocken könnte.

Nun galten die Angehörigen des bayerischen Stammes schon von je her als erfinderisch, um nicht zu sagen als trickreich, so dass es recht plausibel erscheint, dass man mit dem Trick des über den See Angeschwemmt Werdens sozusagen eine göttliche Fügung vortäuschen wollte. Beispiele dafür gab es im Legendenschatz der Kirche durchaus, ich erinnere nur an *Sainte Marie de la mer* in der Camargue in Südfrankreich, wo sich Ähnliches ereignet haben soll.

Was dann passierte, ist auch gut vorstellbar: es erhob sich ein Sturm der Entrüstung, welcher dazu führte, dass die schon ausrangierte „kropfade“ Bauerstochter wieder ihren angestammten Platz in der Wallfahrtskirche zurückerhielt, die neue aber in der Seekapelle in der Außenfront der Klostermauer ihren Platz bekam. Und um der Sache noch mehr Dramatik zu verleihen, fand man Tränen auf dem Gesicht der Schönen, die angeblich sogar bei einer späteren Restauration noch nachweisbar gewesen sein sollen. Daher der Name *Liab woanad Frau.* Übrigens ein hübsches Beispiel dafür, dass man es auch schon vor einigen hundert Jahren verstand, einer Sache einen „gefühligen Titel“ umzuhängen, wobei der eben auf bairisch auch besonders „liab“ klingt.

Es erwies sich aber erst in den letzten Jahren, dass man es nicht mehr wagen konnte, die „schöne Angeschwemmte“ weitgehend ungesichert wieder in der Seekapelle auszusetzen. Erst nach entsprechender baulicher Umgestaltung und Sicherung ist sie jetzt wieder an ihren früheren Ort zurückgekehrt. Der Heilige Nepomuk, der mit ihr diese Kapelle teilt, hat das offenbar mit Freude aufgenommen, denn das ganze Geschehen um die „Liab woanad Frau“ ist natürlich auch ihm zugutegekommen. Vor allem der letzte Teil der Geschichte ist übrigens gut belegt, denn zwei gute Freunde von mir pflegen und streichen von Zeit zu Zeit die Kapelle. Ein eher kurioses Detail dabei ist, dass einer der beiden Freunde ein *Sufi-Meister* ist, der andere, wie es schon eher zu erwarten ist, ein katholischer Religionslehrer.

Meine bisherigen Geschichten ranken sich alle um das klösterliche Geschehen, was auch nicht verwunderlich ist, denn Bernried war ja von Anfang an ein Klosterdorf. Und auch diese Feststellung bedarf gleich wieder einer Korrektur, denn die Augustiner Chorherren waren kein regelrechter Orden wie die Benediktiner oder Franziskaner, sondern eher ein lockerer Zusammenschluss von geistlichen Herren, die mehrere Pfarreien zu betreuen hatten. So gesehen ist die Lösung angesichts des heutigen Priestermangels, einen Pfarrverbund zu schaffen, eigentlich gar nichts Neues.

Daneben gab und gibt es im Dorf noch ein paar Holzhäuser für die „Hintersassen“, die das Kloster bewirtschafteten. Die Zahl und Größe der Ländereien, die zu dem Kloster gehörten, waren bescheiden, die Einnahmen aus der Dienstleistung für die zugehörigen Gemeinden ebenfalls. Aus der Chronik des Stifts, die noch dazu erst eineinhalb Jahrhunderte nach seiner Auflösung als Folge der Säkularisation von einer Schwester der Missionsbenediktinerinnen, die nach dem 2.Weltkrieg das Kloster übernahmen, verfasst wurde, ist zu ersehen, dass die Chorherren mit ihren Pröbsten (in der Hierarchie einem Abt vergleichbar) hoch damit beschäftigt waren, die wirtschaftlichen Grundlagen ihrer Besitzschaften zu erweitern und sich Vorteile durch Tauschgeschäfte zu verschaffen. So war ich z.B. sehr überrascht, dass ich im Kloster auf „Bernrieder Wein“ traf, einem roten und auch weißen St. Magdalener aus Tirol. Dieser Weinbergbesitz wird schon im 12. Jahrhundert erwähnt und mehrfach in der Folge ist der zollfreie Transport des Ertrags nach Bernried dokumentiert. Dafür musste dann schon einmal wieder ein Grundbesitz von ein oder zwei Huben (Flächenmaß, daher der Name Huber) abgetreten werden.

Auch ist den alten Dokumenten zu entnehmen, dass das Bernrieder Stift immer im Schatten der reichen

Benediktiner-Klöster in der nächsten Umgebung stand und oft genug um finanzielle Unterstützung durch ihre geistlichen oder weltlichen Gönner bitten musste. Es würde aber zu weit führen, hier über Details zu berichten. Doch eine Blütezeit, von denen insgesamt sogar drei genannt werden, will ich nicht übergehen, und die schwappte aus dem sonnigen Süden ins eher kalte Bayern herüber.

Zuvor bin ich meiner neuen Heimat aber noch eine sprachliche Klärung schuldig zu Ehren des Wortes *Pfaffe*, das in den Nasen Vieler einen anrüchigen Geruch hat. Es ist mir nicht gelungen, festzustellen, woher dieses *„Bodegfährtle"* gekommen ist; ich übernehme dieses in Württemberg bei den Winzern gebräuchliche Wort aber gern, weil es mir als ein recht passender Begriff für diese Situation erscheint. Das *„Bodegfährtle"* ist ein unbedeutender kleiner Weinheferest am Boden eines Weinfasses; er ist durchaus auch willkommen, denn er enthält traubentypische Geschmacksstoffe; im Glas allerdings sollten sie sich nicht mehr finden, weshalb man auch beim Einschenken die letzten Tropfen in der Flasche zurückbehält. So ähnlich verhält es sich mit dem Wort Pfaffe, das anfangs völlig harmlos und unbelastet für einen Herren des geistlichen Standes in Gebrauch war. Erst als sie sich gehäuft in Klöstern, noch dazu in den schönsten Gegenden des Voralpenlandes niederließen, dürfte sich das „Bodegfährtle" entwickelt haben, das eben bei unsachgemäßem Genuss des

Weines als störend empfunden wurde. Der Pfaffenwinkel jedenfalls gilt Kennern uneingeschränkt als Zierde der bayerisch-barocken Lebenskunst, im Kirchenbau ja gar als Inbegriff von Schönheit. Als zwei solcher Juwelen nenne ich nur die Wies Kirche und das Diessener Frauenmünster, das ja auch den schönen Beinamen „Himmel der Bayern“ trägt.

Die Fürstenzeit: *von Ferdinand Maria bis Ludwig II*

Wieder begegnet uns eine Adelheid, diesmal ist kein Zweifel angebracht. Es handelt sich um Henriette Adelaide, die Gemahlin des Bayern-Herzogs Ferdinand Maria, die ihm schon im kindlichen Alter angetraut wurde, als sie noch als Prinzessin am Hof von Savoyen lebte und vermutlich noch nicht ahnte, was sie einmal jenseits der Alpen erwarten würde. Einmal in ihrer neuen Heimat angekommen, entfaltete sie aber ähnliche Prunksucht, wie sie es von der alten Heimat gewöhnt war. Das ging so weit, dass nach kurzer Zeit sich auf dem Würmsee eine Flotte von fürstlichen Schiffen tummelte, wie sie sonst nur der Doge in Venedig aufbieten konnte. Die Prachtentfaltung, die die Münchner Herrscher auf ihrem Heimatrevier, dem Würmsee, zu bieten hatten, war bald das beherrschende Thema an vielen europäischen Königshäusern und das ging über ein paar Jahrhunderte so. Der historischen Korrektheit wegen ist allerdings anzumerken, dass auch schon vor dem Einfall der italienischen Wasserspiele mit Henriette Adelaide die bayerischen Herzöge den Würmsee für ihren Sommeraufenthalt entdeckt hatten. Und ebenso sollte ich meinen Lesern sagen, dass es keine Schande ist, nicht so recht zu wissen, wo dieses Savoyen eigentlich liegt bzw. lag. Heute würde man bei Jauch, Pilawa und Co. vielleicht mit der Angabe „Piemont“ durchkommen, richtig aber ist, dass es erst ein französisches Herzogtum um die Isére und den Mont Blanc war, das sich später über den Alpenhauptkamm nach Norditalien ausgedehnt hat; so wird auch vom Savoyer Hof in Turin gesprochen.

Für den heutigen Menschen ist es kaum zu fassen, was da auf dem See los war. Der Hof pflegte die Regierungsgeschäfte im Sommer auf die Wittelsbacher Schlösser Starnberg, Berg und andere zu verlegen, so dass es nicht mehr verwunderlich ist, dass der längste Krieg so lange gedauert hat, denn dieser – der 30Jährige – lag ja mitten drin! Man könnte schon auf den Gedanken kommen, dass die bayerischen Fürsten gar keine Zeit hatten, einen ordentlichen Krieg zu führen, da sie Anderes und vor allem Vergnüglicheres zu tun hatten. Der Heimatpfleger des Landkreises Starnberg, Gerhard Schober, hat vor einiger Zeit einen stattlichen Prachtband über „Die Prunkschiffe auf dem Würmsee“ herausgebracht, der eine wirklich spannende Lektüre mit einer Fülle von Details und vor allem von Bilddokumenten bietet. Mit seiner Zustimmung habe ich daraus einen über einstündigen Dokumentarfilm gedreht, der allerdings aus eigentumsrechtlichen Gründen nicht öffentlich gezeigt werden kann. Das Buch kann ich aber Jedermann nur empfehlen, denn die eigene Fantasie wird wohl selten von einem derartigen Werk so beflügelt wie von diesem Dokument höfischen Lebens. Gut, so möchte ich nur sagen, dass es damals die Maler als Zeitzeugen noch verstanden, naturalistisch abzubilden, was ihren Sinnen geboten wurde! Zur Anregung der Fantasie des Lesers mag aber eine Liste der Schiffe dienen, die in der Flotte um den Buzentaur bei so einem Seefest, meist noch als zweifelhafter Höhepunkt mit der berüchtigten Hirschjagd, auf dem Wasser, herumschwammen (s. Anlage). Da normalerweise Hirsche nicht auf dem Wasser herumschwimmen, hatte man sie mittels Treibjagd aus dem etliche Kilometer entfernten Forstenrieder Park auf eingezäunten Wildsteigen heran getrieben, was den Bildern nach zu schließen, eine „rechte Hatz" abgab. Weidmannsheil sieht heute allerdings glücklicherweise anders aus!

Diese Zeit, der unser See den Beinamen *„der Fürstensee"*, verdankt, endete erst mit dem Tod König Ludwig II", der noch im Jahr 1868 für die Zarin Maria Alexandrowna, seine Tante, das letzte rauschende Seefest dieser Art veranstaltet hatte. Zu der Zeit hatte er dann schon einen eigenen kleinen Privatdampfer, den Tristan. Der Name Fürstensee ist aber erhalten geblieben, auch wenn der Starnberger See inzwischen umgangssprachlich zur Badewanne Münchens degradiert worden ist. Auch die Bezeichnung für den Ammersee als Bauernsee ist ja wenig freundlich, obwohl vom Landschaftsbild her eher vertretbar. Richtig ins Fettnäpfchen aber bin ich getreten, als ich einmal meinen Vortrag über den Starnberger See übertitelte: *"Vom Fürstensee zum Bonzensee"*, obwohl auch dies zumindest historisch gut begründbar ist. Nachweislich waren es vor allem die „Hofschranzen", die als erste ihren Fürsten gefolgt sind und sich in der ja unbestritten reizvollsten Landschaft rund um München niedergelassen haben. Ich gebe aber zu, dass dem Wort „Bonze" ein etwas „anrüchiges G`mackerl" anhaftet; die Dame, die damals ihren Unmut über den Titel lautstark äußerte, ist jedenfalls, sozusagen mit gerümpfter Nase, noch vor dem Vortrag ungnädig davon gerauscht.

Auf die Zeit mit „unserm Kini" und der unverwüstlichen Sissi (oder auch Sisi, wie sie selbst meist unterzeichnete) möchte ich nicht weiter eingehen, da sie ja inzwischen reichlich ausgeweidet wurde. Was mich allerdings auch selbst überrascht hat, war die Entdeckung, dass in der Hochblütezeit der fürstlichen Seefeste sogar das arme Augustiner-Chorherrenstift Bernried einen neuen Flügel erhielt zur Unterbringung von fürstlichen Gästen. Womit der Bezug dieser Festspielzeit auf dem Wasser zu Bernried wieder hergestellt ist. Und das war wenige Jahre nach dem dreißigjährigen Krieg und wurde vom Hof und der besagten Adelaide finanziert. Sie gilt übrigens auch als Gründerin und Erbauerin der Theatinerkirche und hat München damit zur nördlichsten italienischen Stadt hochgejubelt und geadelt.

Ganz tief im Herzen, so viel möchte ich doch noch verraten, habe ich das Gefühl, dass die Königszeit eine sehr glückliche für Bayern war. Das mag einerseits an den Wittelsbacher Herzögen und Königen gelegen haben, die da, wo die anderen auf Kreuzzüge gingen und im Morgenland hohe Blutzölle entrichten mussten, lieber zu Hause blieben und letztlich dann das Land regierten, aber auch an den bayerischen Untertanen, mit denen eine recht fruchtbare Symbiose gelang, in der königliche Verrücktheiten (siehe die Königsschlösser) ebenso Platz hatten, wie landesübliche Sitten und Dickköpfigkeiten gedeihen konnten und die vor allem: sich gegenseitig nicht weh taten.

Dass das Ende so tragisch geriet, ist wohl eher einem großräumigeren Weltgeschehen zuzuschreiben als innerbayerischen Querelen. Dass die Bayern über Jahrhunderte gegen ihre Obrigkeit keine wirkliche Revolution zuwege gebracht haben, spricht in dieser Beziehung meines Erachtens ohnehin Bände.

So war es dann in der Folge der französischen Revolution die Säkularisation zu Beginn des 19.Jahrhunderts, die dem mehr oder minder glücklichen, jedenfalls aber relativ unspektakulären Dasein des Klosterdorfes Bernried ein jähes Ende bereitete. Dornröschen, so darf man wohl sagen, erwachte damit ebenso unsanft.

Die Dollarkönigin von Louisiana

Bevor wir das Kapitel Fürsten und Könige verlassen, sei als allerletzte Neuigkeit noch erwähnt, dass es jetzt wieder einen „Kini“ am See gibt; er residiert in Tutzing, spricht kein Deutsch und erstrecht kein Bairisch und legt auch sonst ein sehr scheues Gehabe an den Tag. Auch den Namen kann ich mir nicht merken, es genügt mir zu wissen, dass er der Nachfolger des thailändischen Königs Bhumibol ist, der mir immer mit seiner reizenden Gattin Sirikit überlebensgroß vor Augen stand, wenn ich bei der Näherin meiner Mutter etwas abzuholen hatte.

Da gibt es aber noch ein großes und für Bernried höchst bedeutungsvolles Thema „Königin“. Eine echte bayerische Regierende hat es bekanntlich nie gegeben, aber kurz vor dem ersten Weltkrieg, also als alles König- bzw. Kaisertum in Deutschland so langsam in den Staub zu sinken begann, machte in Bernried ein Gefährt Halt, von dem ich nicht weiß, wie es ausgesehen hat, aber mit ziemlicher Sicherheit behaupten kann, dass es Aufsehen erregt hat: vielleicht eine vierspännige Kutsche oder doch eines von diesen stinkenden und Lärm produzierenden Automobilen, die damals in Bernried, wenn eines von ihnen dort auftauchte, sicher noch die Menschen zusammenströmen ließen. Dem Gefährt entstiegen ein schmucker Reserve-Offizier und eine bildhübsche, auffallend elegant gekleidete junge Frau, von der angenommen werden darf, dass sie einen großen, vermutlich weißen Hut trug. Ich weiß nicht, ob es von der Szene eine Beschreibung oder gar ein Foto gibt, aber da diese Frau mit den drei Männern, die sie nacheinander „verschlissen" hat, wie manche böswillig sagen, zur Bernriederin werden sollte und dem noch ziemlich unscheinbaren idyllischen Ort für mehr als 35 Jahre ihren unverwechselbaren Stempel aufdrücken würde, kann der Beginn dieser Epoche recht zuverlässig bis zu seinem Anfang zurück interpoliert werden. Überliefert ist jedenfalls, dass die Dame sich Hals über Kopf in den Anblick der Benediktenwand verliebte und Bernried zu ihrer neuen Heimat erklärte. Dass sie einmal von den Freunden in ihrer eigentlichen Heimat Amerika den Titel „The last Queen of Bavaria" verliehen bekommen würde, hat sie vermutlich selbst noch nicht geahnt. Der Leser hat es sicher erraten: es ist von der Ankunft der Missis Wilhelmina Scharrer die Rede, die als Missis Busch-Woods in die Geschichte Bernrieds - und weit darüber hinaus - eingehen sollte. Die als 13tes Kind des Adolphus Busch, dem Mit-Gründer der Brauereidynastie Anheusser-Busch, in Louisiana geborene Wilhelmina hatte kurz davor den Pferdenarren Eduard Scharrer, einen Rittmeister aus dem „Württemberger Ländle" geheiratet, der das tolle Gelände im Vorfeld der Alpenkette mit dem vorgelagerten See für seine ambitionierte Pferdezucht ebenfalls als „gut geeignet" befand. Noch befanden sie sich auf einem Jagdausflug; in Anbetracht der nicht unbeträchtlichen Distanz vom damals noch heimatlichen Stuttgart sind sie höchst wahrscheinlich doch per Auto unterwegs gewesen, vielleicht sogar mit einem Tross von Automobilen, denn sie besaßen davon allein vier Nobel-Karossen der Spitzenmarken Cadillac, Maybach, Mercedes und Borgward. Dokumentarisch gesichert ist jedenfalls die Tatsache, dass Wilhelmina Scharrer die erste Autobesitzerin in Bernried war und ältere Mitbürger können sich noch gut erinnern, dass Sam Woods, ihr dritter Mann, auf den schmalen Dorfsträßchen Bernrieds - oft auch nicht ganz nüchtern - mit seinem riesigen Buick auf abenteuerliche Weise unterwegs war,

Es ist für mich sehr verwunderlich, dass die wechselvolle Geschichte, der damit beginnende Lebensabschnitt und ihr Aufstieg zur bayerischen Queen nicht längst detailliert beschrieben und natürlich vor allem verfilmt wurde; zumindest bin ich nur auf das kleine Büchlein von Peter Wiede *„Die Dollarkönigin vom Starnberger See“* gestoßen, von dem ich Teile seiner Recherchen übernommen habe. Wer sich aber in Bernried niederlässt und sich auch nur ein bisschen für Land und Leute interessiert, kommt gar nicht darum herum, auf Schritt und Tritt über die ausgetretenen Spuren, die diese Dame hinterlassen hat, zu stolpern. Nach meiner Einschätzung, die allerdings sicher nicht von allen Bernriedern geteilt wird, hat das schönste Dorf Deutschlands, wie sich Bernried seit der Dekoration mit vier Goldmedaillen in den zwei bundesweiten Wettbewerben um das schönste Dorf Deutschlands nennen darf, so ungeheuer viel zu verdanken, dass damit ein stattliches Buch gefüllt werden könnte. Ich kann hier auch nur einige „Schmankerl“ herausgreifen, die eigentliche Würdigung ihrer Verdienste würde mein Format deutlich übersteigen, so wie sie selbst alle Formate gesprengt hat, und zwar auch im vordergründigen Sinn des Wortes. Als sie schließlich 1952 starb, hinterließ sie ein Schloss in allerbester Traumlage in Höhenried, das sie sich noch kurz vor Ausbruch des 2.Weltkriegs hat bauen lassen. Über Geschmack kann man ja bekanntlich trefflich streiten, aber unbestreitbar war es eines der letzten Schlösser, die in Bayern gebaut worden sind. Und im Unterschied zu Ludwigs Märchenschlössern wurde es nicht nur als ein etwas über normale Dimensionen ausgeufertes Privatensemble belebt, sondern als Herrschaftssitz mit nahezu weltweiter Bedeutung. Der absolute Clou: das Schloss der reichen Amerikanerin wurde in den letzten Kriegsjahren als Ableger der Schweizer Botschaft in Berlin zum schweizerischen Hoheitsgebiet erklärt. In den Flugroutenplänen der amerikanischen Bomber soll Bernried deshalb deutlich als Nicht-Angriffsziel gekennzeichnet gewesen sein. Tatsächlich ist der Ort auch unversehrt über den Krieg gekommen. Die Erklärung: ihr damaliger Mann, Sam Woods war hochrangiger amerikanischer Regierungsvertreter und später der amerikanische Generalkonsul in München. Es existiert ein Gästebuch von Schloss Höhenried, in dem von Adolf Hitler bis zu Alois Hundhammer fast alles, was Rang und Namen hatte, übrigens auch die amerikanischen Politiker Clay und Marshall, aufscheint, natürlich im Laufe der Jahre in wechselnder Besetzung. Hitler etwa soll nur am Anfang seines tausendjährigen Reiches einmal von Wilhelmina einen für ihre Verhältnisse kleineren Geldbetrag erhalten haben, was ihn möglicherweise zu seiner abfälligen Bemerkung angeregt hat: die Lady sei wie ein Ball, man wisse nicht, wo hinten und vorn ist. (frei zitiert, aber so etwa überliefert.)

Da nimmt es kein Wunder, dass die Dame eine einhundertfünfzig Köpfe zählende Dienerschaft brauchte, um ihren Laden in Schwung zu halten, wie es damals die eingesessenen Bernrieder kommentiert haben dürften. Bekannt ist wohl, dass sie zwei wunderschöne Parks hinterlassen hat, den Schlosspark Höhenried (Kindern wegen der von ihr dort angesiedelten Zucht weißer Hirsche sicher eine bleibende Erinnerung) und den Bernrieder Park, der mit dem Namen Effner verbunden ist und in den Besitz von Missis Busch-Woods gelangt war. Diesen hat sie nach Kriegsende dem bayerischen Staat angeboten - allerdings mit der selbstsüchtigen Absicht, damit die Folgen der Bodenreform zu umgehen, - um daraus einen Nationalpark zu machen. Dass er dafür freilich bei aller Pracht ein wenig zu klein war, führte dazu, dass er schließlich als Stiftung den Bernriedern und seinen Besuchern erhalten blieb. Wenigstens ist er nach Wilhelmina Busch-Woods benannt, die ihn ja auch der Öffentlichkeit gestiftet hat.

Dass nicht alle Bernrieder von der großherzigen Dame begeistert waren, dürfte nach meiner Einschätzung vor allem darin begründet sein, dass die unersättliche Amerikanerin drohte, so langsam ganz Bernried in ihren Besitz zu bringen; zuletzt hatte sie schon fast die Hälfte seiner Fluren aufgekauft. Das passte nicht jedem, wie überhaupt ihr ganzer Lebensstil nicht zu dem verträumten, im Grunde ziemlich unbedeutenden Bauerndorf Bernried passen konnte. Protzender Reichtum war nie ein Begleiter in der Geschichte Bernrieds gewesen und politische Bedeutung war zu keiner Zeit angestrebt, geschweige denn erzielt worden. Ein Prinz, der die tiefschlafende Königstochter wie in dem Märchen wachgeküsst hätte, war bisher noch nicht vorbei gekommen, zum Glück für das Dorf, möchte man sagen, denn diesem Umstand ist es beispielsweise zu verdanken, dass die 8 Kilometer Seeufer samt Hinterland von der sich des Sees überall sonst bemächtigenden Raffgier bisher verschont geblieben ist. Doch mit der reichen Amerikanerin, die durchaus mit Wild-West-Manieren vertraut war, war da plötzlich höchste Gefahr im Verzug!

Zum Stichwort „Wild-West-Manieren“ ist nun unbedingt eine kuriose, aber auch sehr bezeichnende Story zu berichten:

Zu ihren Liegenschaften gehörte auch das Teehaus am See, das sie von einer Fischerhütte zu einem kleinen chinesischen Tee-Pavillion um- und ausbauen ließ. Gelegentlich ließ sie sich mit ihrer Motorjacht, mit 21 Metern Länge die größte, die die renommierte Starnberger Bootswerft Rambeck je gebaut hat, von ihrem Schloss aus dorthin bringen. Eines schönen Tages setzte sie sich in den Kopf, dass sie auch noch eine eigene Insel im See besitzen wolle, und kurze Zeit später rückten schon schwere Baumaschinen, ja es ist sogar von Panzern die Rede, an, um zwischen dem Teehaus und dem Ufer einen schiffbaren Wasserarm zu graben und so eine Insel vom Festland abzutrennen. In diesem Fall gelang es gerade noch rechtzeitig, diesen Eingriff in die Landschaft zu verhindern. So sind die an die Besiedlung des Wilden Westens erinnernden Umgestaltungen, durch den die Bierdynastie Busch-Anheusser ihren sagenhaften Reichtum erworben hat, hierzulande mit einer vergleichbar harmlosen Verschönerung des Parkufers mit den drei Mississippi- Weihern noch glimpflich verlaufen (hinter dem Buchheim-Museum).

Immerhin hat Wilhelmina mit dem Höhenrieder Park auch den einmalig schönen Bauplatz für das Museum von Lothar-Günther Buchheim hinterlassen, von dem sie allerdings selbst noch nichts gehört haben dürfte, denn diese Geschichte begann erst ein knappes halbes Jahrhundert später. Und auch die spätere Entstehung einer der schönst gelegenen Rehakliniken Deutschlands auf dem ehemaligen Gelände der reichen Schlossherrin wäre ohne deren ungezügelten Landerwerbstrieb sicher nicht denkbar gewesen.

Damit sind wir nun fast in der Gegenwart angelangt; zumindest gibt es noch Leute, die von den Ereignissen, die sich um den Bau dieses weltweit einmaligen *Museums der Phantasie* ranken, aus eigenem Erleben erzählen können. Der dazu Berufenste ist Walter Eberl, und er hat dies auch schon in unverwechselbarer Art und Weise viele Male getan, denn er verkörperte ja auch auf Bernrieder Seite die unermüdlich und mit allen Raffinessen treibende Kraft: schließlich war er in dieser Zeit Bernrieds Bürgermeister. Allerdings ist er auch kein „eingeborener Bernrieder“, seine Wiege stand in der Nähe von Karlsbad und er ist erst Ende des Krieges nach Bernried gekommen, um für seinen Vater, der Förster war, einen Dackel zu kaufen. Diese Geschichte ist der Anfang einer Reihe von Episoden, die tatsächlich dazu geführt haben, dass das Buchheim-Museum nach jahrelangem Hin und Her in Bernried gelandet ist. Wer die Geschichte hört, womöglich im Originalton aus seinem Mund, wird vermutlich sagen: was für ein unglaublicher Zufall; ich, der ich diese und auch manche andere seiner Geschichten mit gedreht habe, frage mich dabei manchmal voller Anerkennung, welcher Regisseur das wohl alles so wunderbar inszeniert haben wird?

Walter Eberl hat in dem 2003 erschienen Bildband „*Starnberger See*“ einen Beitrag geschrieben, in dem er einen nüchternen und sachlichen Überblick über Bernried, die Dollarkönigin und ihre Zeit sowie über das Buchheim-Museum gibt. Im Volksmund klingt die Geschichte allerdings anders: so sagt man da, Eberl habe Buchheim mit den so gerne eingespannten regionalen Zugpferden „Weißwürste und Weißbier" eingefangen. Der Männerfreundschaft scheint das jedenfalls gut bekommen zu sein. Bernried und auch die Stiftung, die nach dem Tod von Didi, Buchheims Frau, jetzt die Geschicke des Museums leitet, dürften ebenfalls hoch zufrieden sein; davon kann wohl ausgegangen werden.

Aus dem genannten Artikel Eberls möchte ich ansonsten nur eine mir besonders interessant erscheinende Einschätzung und Formulierung übernehmen. So sagt er über den dritten Mann von Wilhelmina, Sam Woods, *„man könnte durchaus sagen, dass Höhenried* (und damit Bernried) *dank der Macht dieses Mannes zur Wiege des jetzigen Europas wurde.* Womit er auf die Tatsache anspielte, dass eben im Schloss Höhenried wichtige Gespräche zur Vorbereitung des Marshall-Plans geführt wurden, aus denen dann bekanntlich die OECD als erste europäische Institution hervorgegangen ist.

Diese Bemerkung, die Walter Eberl, wie ich meine, sehr überlegt fallengelassen hat, verführt mich dazu, doch auch eine eigene, freilich nicht so ganz ernstgemeinte Paraphrase zu dem Thema anzubieten. Es schwebt mir da so eine phantastische Theater-Szene bei spärlichem

Bühnenlicht und wabernden Nebelschwaden vor, in der der offensichtlich geile Zeus als Stier mit der kessen und natürlich nur leichtgeschürzten Europa schon einmal einen europäischen Proberitt über den als Bühne dienenden *Bernrieder Vorsprung* unternimmt, begleitet von den Musen, die gerade glücklich den schönen und besonderen Fünfklang der Glocken von Bernried entdeckt haben, und, als sie den Göttervater so ins Schwitzen kommen sehen und angesichts der Mühe, die noch etwas scheue Europa richtig in Schwung zu bekommen, in helles Gelächter ausbrechen, um dann aber doch zu beschließen, sich an diesem wundersamen Ort niederlassen zu wollen. Im Bühnen-Hintergrund, so ließe sich leicht weiter fabulieren, nähern sich auf vom letzten *public viewing* übriggebliebenen Video-Leinwänden aus entgegengesetzten Richtungen zwei Schiffe. Das eine ist die uns schon gut bekannte *MS Phantasie*, auf deren Vorschiff ein durch fortgeschrittene Adipositas völlig aus dem Leim gegangenes Frauenzimmer mit einer Schweizer Flagge wedelt, auf der anderen Seite eine futuristisch anmutende Segelyacht, auf der ein junges Mädchen ein Transparent hochhält mit der Aufschrift: *Fridays for Future, wobei das Wort Future* durch das Wort Bernried ersetzt ist. Noch etwas weiter im Hintergrund ist noch ein U-Boot zu erkennen, auf dem ein einäugiger Kriegsberichterstatter mit einem Monokular den Horizont nach feindlichen Flugzeugen absucht; sein anderes Auge ist mit einer schwarzen Klappe abgedeckt. Wenn man sich dann noch einen Nachen hinzudenkt, in dem ein schlankes Fischermädchen mit seinem Ger auf einen Waller passt, doch statt diesem eine geschnitzte weinende Pieta aus dem See zieht, dann hat man die wesentlichen Höhepunkte der Bernrieder Geschichte in einer, zugegeben reichlich kühnen, Szene beisammen.

Man sieht daraus, welchen Einfluss die Beschäftigung mit den jüngsten Erkenntnissen der Quantenphysik, dass alles mit allem zusammenhängt, auf die spätpubertäre Fantasie eines verhinderten Operetten-Librettisten in fortgeschrittenem Alter noch nehmen kann.

Na ja, ganz gut, dass mir meine Muse, wegen meiner teilweise doch sehr zügellosen Fantasie Unheil witternd, schon von Anfang an den Zugang zu den Brettern dieser Welt sehr zielsicher verstellt hat. Doch das ist eine andere Geschichte.

Obwohl ich mit Walter Eberl recht gut befreundet bin, möchte ich mich hier aber nicht zum Laudator seiner Verdienste aufschwingen; dazu sind andere berufen. Lediglich ein Fest, das ziemlich eindeutig zu seiner Privatsphäre zu zählen ist, obschon seine wichtigsten Standings als Altbürgermeister und als „unser Walter“ kaum scharf zu trennen sind, möchte ich herausheben: die Feier seines achtzigsten Geburtstags. Es mag als ein Beispiel seiner Beliebtheit dienen.

Gefeiert wurde es nach Andacht und buntem Nachmittag mit Reden, Singen und Tanzen der Kinder aus dem Trachtenverein, dann mit einem Abendessen im Gartensaal des vergrößerten Klosterhofes, ebenfalls mit nicht enden wollenden überschwänglichen Reden und Geschenk-Überreichungen; eben das übliche Programm zum Achtzigsten eines Illuminaten. Höhepunkt aber war eine Theateraufführung, besser ein Kabarett, das die Besucher schier von den Sitzen riss: eine Parabel auf Bernried, die es in sich hatte. Meine Versuche, das Ganze mit zu filmen, scheiterten kläglich am Widerstand meiner Stuhlnachbarn, denen der „blöde Kameramann“ die Sicht auf die Bühne verstellte. Das Libretto gab es zwar unter der Hand, aber es ist natürlich zu sperrig, um von mir in mein schmales Büchlein übernommen zu werden.

Außerdem geht es in meiner kleinen Hommage auf Bernried ja nicht allein um Walter Eberl, auch wenn er als Bürgermeister über dreißig Jahre hier Segen stiftete, so wie ich es jedenfalls in den letzten Jahren selbst noch wahrnehmen konnte.

Glückliche Umstände

Waren die bisherigen Elogen auf Bernried naturgemäß weitgehend historischen Inhalts und zugegebenermaßen sicher auch gelegentlich nach der positiven Seite übertrieben, wie das solche glorifizierende Vorhaben eben so an sich haben, so trete ich in den zweiten Abschnitt meiner Berichterstattung völlig „ungeschützt", wie man das heute so sagt, will sagen, ohne jeglichen auch nur offiziösen Auftrag ein. Ich will und kann lediglich als Privatmann die Eindrücke weitergeben, die ich als zugereister Neubürger in Bernried sammeln durfte. Immerhin lag in diesen Jahren unter anderem die Auszeichnung als schönstes Dorf Deutschlands, was ich freilich bei meiner eigenen Entscheidung für Bernried als „Alterssitz" noch nicht ahnte. Ich orientiere mich dabei also ausschließlich an persönlich Erlebtem und nehme keine Rücksicht auf etwaige Meinungen Anderer.

Vorherschicken möchte ich, dass diese Zeit geprägt ist von dem Motto, das ich zum Titel dieses Büchleins gewählt habe, das ich Walter Eberl verdanke, der es gern und oft selbst verwendet. Wenn ich mich noch richtig erinnere, hat es wohl die Schwester aus dem hiesigen Kloster der Missionsbenediktinerinnen geprägt, die auch die Chronik des Augustiner-Chorherrenstifts verfasst hat: eben das Wort von den *„glücklichen Umständen"*, die offensichtlich häufig in der Geschichte Bernrieds im Spiel waren und die ebenso offenkundig in meinem Leben walteten, und das ganz besonders in der letzten Phase in Bernried. Das ist, ich sagte es schon einmal, meine Motivation, dieses Büchlein zu schreiben: dafür meinen Dank zum Ausdruck bringen zu wollen.

Das Glück, von dem hier die Rede ist, bestand für mich vordergründig in der Tatsache, dass die Stelle eines filmenden Gemeinde-Chronisten, die es zwei Jahrzehnte früher schon einmal gegeben hatte und die mit dem Namen Weigelmeier aus Penzberg verbunden ist, vermutlich aus Altersgründen nicht mehr von ihm – und auch von keinem Anderen – wahrgenommen wurde. Kein Wunder, sie ist offiziell auch gar nicht existent und vor allem auch nicht dotiert, deshalb auch absolut weisungsfrei, für mich als altgedienter Hobby-Filmer also eine sehr willkommene freie Nische, die ich mit meiner angeborenen Neugier auf Land und Leute auch gleich ungefragt besetzte.

Zugute kam mir dabei ein Glücksumstand, der mich schon während meiner Studentenzeit instand setzte, diesem damals nicht billigen soeben auf den Markt drängenden neuen Hobby zu frönen, indem ich meinem Vater einredete, sich zu seinem Berufsabschied von seinem Arbeitgeber Bosch doch eine Filmkamera schenken zu lassen, die dann sehr bald in meine Hände überging. So hatte ich schon viele Jahre Erfahrung auf diesem Gebiet gesammelt, wenngleich die Möglichkeiten eines Amateurs natürlich weit hinter denen eines Profis hinterher hinkten, dementsprechend auch keine wirkliche Konkurrenzfähigeit zu Kino und Fernsehen gegeben war. Ich sage das, weil ich oft gefragt werde, warum meine Filme nicht auf dem Markt zu haben sind. Sie sind vor allem technisch nicht konkurrenzfähig und somit doch nur auf dem Privatsektor beschränkt einsatzfähig. Leider!

Auf Umwegen nach Bernried

Ich bitte um Nachsicht, wenn ich jetzt einen etwas größeren Bogen beschreibe, um die verschlungenen Wege zu skizzieren, die meinem späten, nun auch für mich selbst überraschenden Eintreffen in Bernried im damaligen Alter von 71 Jahren vorausgingen. Der Grund dafür ist familiärer Art: da ich in meinem bisherigen Werdegang als Schriftsteller so gut wie nichts für dessen Bekanntwerden - sprich: Werbung - getan habe, ist mein Leserkreis weitgehend identisch mit dem Familien- und Freundeskreis. Das gibt mir, so bilde ich mir das wenigstens ein, die Freiheit, dieses mein zweites Hobby, das Filmen, im Stil einer Familienchronik hier zu präsentieren, Privatem also mehr Raum zu geben als es sonst literarisch gerechtfertigt erscheint. Gleichzeitig bitte ich aber meine Leser im Auge zu behalten, dass ich mit meinen „Enthüllungen" noch einen zweiten Zweck verfolge: nämlich den Nachweis zu erbringen, dass meine Lebenslinien, so ungeordnet sie zunächst erscheinen mögen, doch einem sinnvollen Muster folgen. Das wird Manchem als Marotte seines Autors erscheinen, für mich hat es durchaus existentielle Bedeutung. Mir deshalb aber "faustisches Gehabe" zu unterstellen, hielte ich nun auch wieder für übertrieben.

Leider komme ich dabei wieder einmal nicht um die Tatsache herum, dass einzelne Begebnisse aus der Zeit vor Bernried, zum Teil sogar mehrfach, von mir beschrieben wurden. Ja, das Kapitel, das nun folgt, habe ich bereits in meinem Buch *Laurentiustränen* im Jahr 2012 veröffentlicht, also gute sechs Jahre nach unserer Umsiedlung und als mein zweites Buch überhaupt. Wenn ich meinen eigenen Text heute wieder lese, kann ich ihn weitgehend so stehen lassen, wie er damals aus der Feder floss. Abstriche negativer Art in der Beurteilung unseres damaligen, von Manchen *als wahnsinnig* apostrophierten Entschlusses zu Umzug und Neubeginn in Alter von über siebzig Jahren sind nicht zu machen, ganz im Gegenteil. So habe ich mich entschlossen, dieses Kapitel hierher zu übernehmen und damit Authentizität vor zeitlicher Aktualität gelten zu lassen. Meinen langjährigen Lesern sei gesagt, dass sie in der Sache sicher nicht viel verpassen, wenn sie dieses Kapitel überschlagen, dass es aber aus meiner sehr subjektiven Sicht doch manche Schilderungen und Deutungen enthält, die für das weitere Wachstum der beiden betagten Protagonisten gute Belege bieten und sicher auch auf vergleichbare Fälle anwendbar sind. Die notwendige, auf das heutige Bernrieder Leben bezogene Aktualisierung will ich dann im nächsten Kapitel nachholen.

Himmel über Bernried

„Einen alten Baum soll man nicht verpflanzen“, so behauptet eine alte Volksweisheit, die – weitgehend ungeprüft – von Generation zu Generation weitergegeben wird, und die ich ebenso ungeprüft von meinen Eltern übernommen habe. Verstanden habe ich dabei, dass es nicht gut geht, wenn ein alter Mensch aus seiner vertrauten Umgebung herausgerissen und irgendwohin verpflanzt wird, wo er sich dann in der Regel nicht mehr richtig verwurzeln kann und somit in Kürze eingeht.

Nun bot mir das Leben die Gelegenheit, die Gültigkeit dieser Weisheit am eigenen Leib überprüfen zu können. Um das Ende vorweg zu nehmen: für mich und meine Frau Marianne erwies sich genau das Gegenteil als richtig, denn die beiden versetzten alten Bäume begannen aufs Neue zu sprossen und gar zu blühen, wie ich im Folgenden zeigen möchte.

Vielleicht sollte zunächst die Frage geklärt werden: wann ist denn ein Baum alt?

Mit Sicherheit hat sich der Altersbegriff in den letzten Jahren ganz erheblich geändert. In der Zeit meiner Eltern galt man spätestens dann als alt, wenn man das aktive Leben beendet hatte, und dafür hatte das Berufsleben eine ziemlich unumstößliche Grenze gesetzt, nämlich mit 65. Die Vorstellung eines biblischen Alters wie des Methusalems mit einigen hundert Jahren ist ja in der Bibel selbst später sehr deutlich nach unten korrigiert worden, denn im Psalm 90 heißt es ja: *„das Leben des Menschen währet siebzig Jahr, und wenn es hoch kommt, sind es achtzig."* Wir beide standen zu dem fraglichen Zeitpunkt am Anfang des achten Jahrzehnts und nehmen damit, wenn auch nicht mit Begeisterung, in Anspruch, zur Generation der Älteren, wie das heute euphemistisch genannt wird, ganz unbeschönigt ausgedrückt, zu den „alten Bäumen" zu gehören.; hier in Bernried würde man dazu übrigens *„Methusalem-Bäume"* sagen, und diese werden hier ganz besonders liebevoll gepflegt. Bernried ist tatsächlich eine ganze Zeit mit dem Anspruch aufgetreten, d a s Baumdorf Deutschlands zu sein!

Ein halbes Jahr vor dem Geschehen, von dem hier berichtet wird, hatte ich den siebzigsten Geburtstag gefeiert, bei Marianne lag dieser gar schon zwei Jahre zurück. Wenn jemand auch nur den Gedanken geäußert hätte, wir könnten unser schönes Haus in Großhesselohe mit einer anderen Bleibe vertauschen, dann hätten wir diesen Jemand entweder für verrückt oder mindestens für unsensibel erklärt, denn dann konnte er ja allenfalls nur auf einen Umzug ins Altersheim oder gar auf noch Schlimmeres angespielt haben; und diese gesellschaftliche Todsünde hätten wir auch Niemandem von unseren Freunden zugetraut.

So waren wir also völlig arglos und ohne leisesten Hintergedanken, als wir zwei Wochen vor Ostern zu einem kleinen Frühjahrsspaziergang aufbrachen. Da wir unsere Freundin Hildegard Meumann aus Düsseldorf, die die Patentante unseres Sohnes Stephan ist, gerade für ein paar Tage bei uns zu Besuch hatten, entschlossen wir uns, nach Bernried am Starnberger See zu fahren, wo Stephan mit seiner Familie damals bereits zwei Jahrzehnte lebte und arbeitete. So spazierten wir in der Mittagssonne auf dem bereits schnee- und eisfreien Prälatenweg oberhalb Bernrieds, ohne zu ahnen, welche Bedeutung dieser Weg schon kurze Zeit später für uns gewinnen würde.

Es war ein Föhntag, die noch schneebedeckten Berge lagen zum Greifen nahe vor uns, der Frühling legte sich mit Macht auf all unsere Sinne; wir fanden es einfach himmlisch und stellten übereinstimmend fest, dass es hier gut sei, und sagten: *„hier lasst uns Hütten bauen"*, wie es die Jünger auf dem Berg der Verklärung taten.

Das „himmlisch" gibt mir Anlass zu einer nicht unwichtigen Ergänzung, denn es charakterisiert in besonderem Maß unser beider Natur- und damit auch Lebensverständnis: ein möglichst großes Stück Himmel über uns zu haben, war und ist für uns eine ganz wesentliche Voraussetzung für ein glückliches Leben. Von Haus aus sind Marianne und ich eigentlich Stadtkinder, sie aus Düsseldorf, ich aus München; und es ist keineswegs übertrieben, wenn ich sage, dass es ein Naturerlebnis war, das uns zusammengeführt hat.

Es war ebenfalls ein warmer Frühlingstag und auch ein paar Tage vor Ostern, als wir einander am Bahnhof Rothenfels am Main zum ersten Mal begegnet sind. In der Burg Rothenfels, einem Zentrum der katholischen Jugend und gleichzeitig Ausgangspunkt der damaligen liturgischen Erneuerung, wollten wir die Karwoche begehen und dann Ostern feiern. Dass es dann nicht so sehr um Liturgie gehen würde, dass die Tage in Rothenfels vielmehr zu einem Startpunkt für unseren gemeinsamen Lebensweg werden sollten, der, wie schon gesagt, von der gemeinsamen Freude an der Natur und ihres unendlichen Reichtums geprägt ist, lag damals allerdings noch ganz weit hinter den sieben Bergen, wo es auch Schneewittchen hingezogen hat.

So war es erst Steinebach, unser Ferienhaus am Wörthsee, wo wir jedes Wochenende und so gut wie alle Ferientage verbrachten, wo unsere vier Kinder die ersten Jahre über aufwuchsen, bis ein Gehirntumor bei Marianne die bis dahin ungetrübte Idylle in dieser paradiesischen Natur jäh beendete. Der wundervolle stille See, die waldreiche Umgebung, ein riesengroßes Stück Himmel, der bei Tag und Nacht mit all seinen Schätzen für uns da war, das war fast 15 Jahre lang die Grundlage für ein wundervolles, glückliches Leben, in dem das Segeln einen ganz wichtigen Platz einnahm.

Als die schlimmste Zeit der Krankheit, in der wir auch unser kleines Paradies in Steinebach abgeben mussten, so einigermaßen überstanden war, haben wir das Leben auf dem Wasser und unter freiem Himmel wieder aufgenommen und gleichzeitig noch erheblich ausgedehnt, indem wir dreißig Jahre lang jeweils in den Ferien erst den Bodensee, dann das westliche Mittelmeer von Frankreich über Spanien, Italien, Malta und Griechenland auf eigenem Kiel durchpflügt haben und damit einen fast unbegrenzten „Vorgarten" zur Verfügung hatten.

Wiederum war es ein Schicksalsschlag, der auch diesem intensiven Seglerleben in und mit der freien Natur ein Ende bereitet hat, ein Oberschenkelhalsbruch bei Marianne, der uns nach einigen schon zuvor erlittenen Rippenbrüchen signalisierte, dass wieder an eine Verkleinerung unseres „Vorgartens" zu denken sei. Wir taten dies mit dem Verkauf unseres letzten Schiffes „BALIMENA", einem dänischen Motorsegler vom Typ Faenoe 42, im Jahr 2002, und zwar mit dem guten Gefühl, diese Zeit bis zur Neige ausgekostet zu haben und somit diesen Lebensabschnitt reich beschenkt und ohne großes Bedauern abschließen zu können.

Außerdem hatten wir noch unser Haus in Großhesselohe mit seinem schönen Garten, Schwimmbad, Teich und den erst vor kurzem winterfest gemachten Wintergarten als unser perfektes Festlokal für alle Gelegenheiten. Und das alles mit einem großen Stück Himmel über uns sowie mit viel Grün ringsherum.

Das veränderte sich allerdings zusehends, ohne dass wir etwas dagegen tun konnten. Erst verkleinerte sich das Stück Himmel drastisch dadurch, dass im bisher unbebauten Nachbarsgarten im Süden unseres Grundstücks ein riesiger und noch dazu unschöner Kasten von Haus gebaut wurde, der uns viel von Sonne und Licht raubte. Außerdem war die Pullacher Straße, in der wir in den über fünfzig Jahren seit unserem Einzug wohnten, mehr und mehr zu einer vielbefahrenen Durchgangsstraße geworden, so dass ein Aufenthalt im vorderen Teil des Gartens wegen der hohen Lärm- und Abgasbelästigung kaum noch möglich war. Schließlich wurden auf der gegenüberliegenden Straßenseite auch noch vier große Weidenbäume gefällt, um in diesem Garten statt einem nun vier doppelstöckige Häuser bauen zu können.

Das war also unsere Situation, als wir an diesem Vorfrühlingstag bei unserem Spaziergang auf dem Prälatenweg den weiten Blick in den Pfaffenwinkel unter dem typisch weiß-blauen Himmel genossen und uns, wie schon gesagt, zum Hüttenbauen eingeladen fühlten.

Dass wir noch nicht einmal eine Hütte bauen brauchten, stellte sich zwei Wochen später heraus. Zum ersten Mal seit vielen Jahren schaute ich in den Immobilienteil der

Süddeutschen Zeitung und sofort zog mich eine Anzeige in ihren Bann:

Schmuckstück am STA-SEE, Landhaus m. ELW in Bernried, ca. 218 m² Wfl. + Nutzfl., 5 Zi., 965 m² unverb. Garten, freier Blick, hochw. Küche, Kachelofen, D-Garage, abs. ruhig, BJ 87.

Ein sofortiger Anruf bei der angegebenen Maklerfirma führte nicht weiter; es war Ostersamstag und das Büro geschlossen. Erst am Dienstag nach Ostern brachten wir durch einen Anruf früh am Morgen in Erfahrung, dass es sich bei dem Schmuckstück um ein Haus am Hapberger Weg, Hausnummer 3, handle.

Allerdings konnte ein Besichtigungstermin erst für den nächsten Tag vereinbart werden, da der Makler schon ausgebucht war. Trotzdem setzten wir uns sofort ins Auto, um das Haus wenigstens von außen zu besichtigen, und standen eine knappe Stunde später vor dem Haus, dessen Charme uns sofort gefangen nahm. Erst schon der hübsche efeuumrankte Torbogen, der gepflegte, gut eingewachsene Garten, dann das Haus in behaglich wirkendem bayerischen Landhausstil, mit viel Holz und zwei großen Balkonen, eine mit Platten belegte riesige Terrasse mit gedecktem Sitzplatz und einem absolut freien Blick über die ganze Südseite, also eine ganze Hälfte des Himmels! Einfach unglaublich und überwältigend...

Am nächsten Tag regnete es zwar in Strömen und von dem vom oberen Balkon aus vorhandenen Gebirgsblick war absolut nichts zu sehen, aber sonst ergab die Besichtigung des Hauses nur Positives. Alles war trotz des trüben Wetters hell und freundlich, die Ausstattung mit Fließen und Parkett, im oberen Stockwerk durchweg mit Teppichen, in bester Qualität, aber ohne übertriebenen Prunk: Und ohne einen wunden Punkt, wenn man einmal davon absieht, dass das Wohnen auf zwei Ebenen stattfinden würde und kein Aufzug existierte, was bei unserem Alter und Mariannes Gehschwierikeiten natürlich schon ein gewichtiger negativer Punkt war.

Wir erfuhren, dass das Haus von seinem Eigentümer in der Absicht errichtet worden war, dass er selbst „im Austrag" dort einziehen wollte, wenn er nach Landesbrauch seinen Hof an seinen Sohn übergeben werde; da der Sohn aber die Landwirtschaft aufgeben wolle, sei daraus nichts geworden und Vater und Sohn wohnten nun also weiter zusammen in dem großen Bauernhof zusammen. Insofern wolle man das „Austragshaus", das bisher nur vermietet worden war, nun verkaufen.

Sollte es jetzt zu unserem „Austragshäuserl" werden?

Um es kurz zu machen: bereits am nächsten Tag (!) gab ich ein verbindliches Kaufangebot ab und überwies eine Reservierungsgebühr an den Makler, damit dieser weitere Verkaufsbemühungen einstelle. Und schon vierzehn Tage später wurde der Kaufvertrag beim Notar unterschrieben, so dass wir schließlich Ende Juni einziehen konnten. Und das alles, ohne auch nur eine einzige bauliche Veränderung an dem Haus vorzunehmen: alles war wie für uns gemacht, selbst unsere Möbel passten perfekt und fanden durchweg noch einen schöneren Platz als im alten Haus!

Wie war das doch noch mit dem „man soll einen alten Baum nicht verpflanzen?“

Zurück zum Anfang. *Annäherung an Bernried*

Jetzt saßen wir also plötzlich und für uns selbst, wie erst recht für unsere Umgebung, ziemlich überraschend in Bernried, das zu diesem Zeitpunkt übrigens noch nicht als das schönste Dorf auf Landes- oder gar Bundesebene dekoriert war, deshalb aber nicht weniger schön als heute, wo es gleich drei Goldmedaillen vorweisen kann. Für uns war es so ziemlich das Schönste, was wir uns überhaupt vorstellen konnten und wir genießen die damit gewonnene himmlische Horizonterweiterung mit einer Fülle an Licht, Luft und Sonne täglich dankbar und in vollen Zügen.

Und was das negative Image der Baumverpflanzung angeht: vielleicht ist es nur auf die Fälle zu begrenzen, wo sie weitgehend passiv erduldet werden muss und meist im Zusammenhang mit erheblichen gesundheitlichen oder familiären Einschränkungen steht. Dies war ja bei uns glücklicherweise nicht der Fall. Ganz im Gegenteil: wir haben den Entschluss zum Ortswechsel ja nicht nur aus freien Stücken, sondern mit Überzeugung, ja mit Begeisterung gefasst, und wir haben ihn bis jetzt auch in keinem Moment bereut. Also lauter glückliche Umstände!

Dazu kommt, dass wir uns der neuen Heimat Bernried schon seit geraumer Zeit angenähert hatten, ohne es selbst so richtig bemerkt zu haben; erst im Nachhinein ist mir das bewusst geworden. Und das geschah fast ausschließlich im Zusammenhang mit meinem Hobby Segeln, das von mir ausgehend praktisch die ganze Familie befallen hat und deshalb hier auch noch etwas ausführlicher ausgebreitet werden muss.

Der Beginn dieser Leidenschaft liegt weit zurück in meiner Kindheit. Ich war noch nicht einmal zwei Jahre alt, als meine Mutter meinem Vater „unser Steinebach“ abgerungen hat. In erster Linie wollte sie für meine vierzehn Jahre ältere Schwester Anneliese ein kleines privates Plätzchen am Wasser haben, wo das junge Mädchen unbesorgt baden gehen könne, so begründet sie es jedenfalls in ihrem Tagebuch; wie weit ich als kaum Zweijähriger dabei auch schon eine Rolle gespielt habe, wird dort zumindest nicht erwähnt. Wie triftig diese Begründung damals schon war, habe ich später nie erforscht, es genügte das Faktum, einen solchen Schatz zu haben, so dass keine Veranlassung gegeben war, den Thron, den sie sich mit diesem Geniestreich verdient hatte, ins Wanken zu bringen.

In meiner eigenen Erinnerung begann für mich damit jedenfalls die „große Freiheit“, die dann dreieinhalb Jahrzehnte währen sollte: der See wurde mein Meer, eine Welt mit unfassbaren Wundern, Naturerscheinungen, Tieren und Pflanzen, die täglich neu erobert werden wollte.

Zum Abenteuer Steinebach gehörte schon von Anfang an ein Ruderboot; nein, nicht nur so ein Ruderboot, es war mein Dampfer, mein Piratenschiff und eben auch, wenn gleich auch erst ein paar Jahre später, mein Segelboot, denn es hatte Mast, Segel, Schwert und Ruder. In der Fachsprache, die ich bald erlernte, wird dieser Typ ein aus Eichenholz geklinkerter *LUGGER* genannt. Die Anfangsgründe von der Wissenschaft vom Segeln hat mir mein Vater beigebracht, der es freilich nie selbst so richtig gelernt hatte. Außerdem begann schon drei Jahre später der Zweite Weltkrieg und mein Vater, der bei Ingolstadt in einer Munitionsfabrik seinen Dienst tat, konnte nur noch gelegentlich zu Besuch kommen, so dass ich mehr oder minder auf mich allein gestellt war. Immerhin begann ich so etwa mit acht oder neun Jahren selbst zu experimentieren, wobei natürlich meine Mutter, die selbst aber auch nicht segeln gelernt hatte, notfalls aber einfach das Segel herunterlassen konnte, eine wachsame, aber keinesfalls ängstliche Begleiterin abgab.

Hier ist nun nicht der Platz, meine Steinebacher Kindheitserlebnisse oder gar die Abenteuer der mein ganzes Leben begleitenden Segelleidenschaft zu schildern. Ich habe das inzwischen auch ausführlich in meinem Buch „*Den Wind in der Hand. Ein Leben unter Segeln*“ getan (Verlag ReDiRoma).

Wohl aber hat hier eine alte Seglerweisheit ihren angemessenen Platz: „Jedes Schiff ist immer einen Meter zu kurz“. So auch in meinem Seglerleben.

Allerdings hat diese Erkenntnis eigentlich nicht mit dem Schiff begonnen, sondern mit dem See. Mit seinen gerade einmal vier Kilometern Länge und 800 Metern Breite erschien er mir mit zunehmendem Alter immer kleiner zu werden und ich versuchte zu erkunden, ob er nicht wenigstens mit einem Kanal mit dem nahen Ammersee verbunden werden könnte, umso mehr, als ich entdeckte, dass hinter der Insel ein Bach seinen Weg quer durch einen Höhenzug von selbst zum Ammersee gefunden hatte. Und ich weiß sicher, dass ich oft in meinen Träumen einen solchen nichtexistierenden Schifffahrtsweg benutzt und mir so ein neues, größeres Revier erschlossen habe. Doch das dürfte erst in den fünfziger Jahren gewesen sein, als ich schon mit der Olympia-Jolle, meinem ersten richtigen Segelboot, unterwegs war.

Davor liegt noch ein anderes Ereignis, das mir, wenn auch ungewollt, zu einem größeren Revier verhalf, und zwar mit dem Lugger, der übrigens nach meiner Schwester Anneliese „LAIA“ genannt worden war; der Name erklärt sich daraus, dass Anneliese noch vor Ausbruch des Krieges eine Ausbildung als Laienschwester beim Roten Kreuz absolviert hatte.

Der unselige Krieg hatte längst ein Ende gefunden, als seine Folgen uns noch einmal hart getroffen haben. Nachdem ich die Sommermonate vor und nach dem Kriegsende zusammen mit meiner Mutter weitgehend ungeschoren in Steinebach verbracht hatte, wurde unser Feriendomizil, das eigentlich nur im Sommer bewohnbar war, angesichts des dramatischen Flüchtlingselends als Notwohnung konfisziert und wir durften es nicht mehr betreten. Von 1948 bis 1951 war es dann von einem Ostflüchtling Namens Roland Draak bewohnt, der sich allerdings widerrechtlich unter Angabe falscher Daten den Zugang zum Haus erschlichen hatte; mit Hilfe eines Gerichtsurteils des Landgerichts Starnberg konnte ihn mein Vater schließlich wieder loswerden und das völlig heruntergekommene Häuschen sanieren.

In der Zwischenzeit hatten meine Eltern unsere *Laia* vom Wörthsee weg zur Schiffswerft Gottfried Simmerding nach Leoni am Starnberger See bringen lassen, wodurch ich Gelegenheit bekam, diesen noch näher vor den Toren Münchens gelegenen See ausgiebig kennen und lieben zu lernen. Leoni war von Solln aus, wo wir wohnten, mit dem Fahrrad bei Rückenwind in etwa einer Stunde zu erreichen, und das war an schönen Tagen für mich und meinen Schulfreund Sepp Schuster schon eine große Verlockung; die Hausaufgaben kamen dann allerdings oft zu kurz. Eine besondere Attraktion und deshalb auch meist das Ziel meiner Segelausflüge war dabei die Starnberger Seepromenade, wo erfahrungsgemäß die hübschesten Mädchen herumliefen, die einzuladen ich allerdings dann doch noch zu schüchtern war.

Auch die Sommerferien 1949 und 1950 verbrachten wir mehr oder weniger unfreiwillig am Starnberger See. Zuerst war es Seeseiten, zwischen Seeshaupt und Bernried am Südende des Sees gelegen, wohin wir natürlich auch unsere Laia hinbrachten, ein Jahr später eine Ferien-Villa in Ammerland, wo ich dann mit meinen Segelkünsten auch erste kleine Erfolge beim weiblichen Geschlecht erringen konnte.

Bernried spielte dabei aber noch keine Rolle, denn die Marina Bernried gab es damals noch gar nicht. Überhaupt hielt sich der Betrieb auf dem See noch in recht bescheidenen Grenzen; vor allem Motorboote waren ausgesprochen selten zu sehen. Ich freilich konnte schon mit einem Hilfsmotor aufwarten, denn mein Vater hatte als Leiter des Verkaufshauses der Robert-Bosch GmbH Beziehungen zu der Motorenbau-Firma Rex, die auch einen kleinen Außenbordmotor in ihrem Programm hatte. Es war zwar ein sehr unzuverlässiges Ding und überdies ein fürchterlicher Stinker, aber bei sommerlicher Flaute und weiten Strecken doch sehr hilfreich. Dies wurde mir wieder einmal schmerzhaft deutlich, als der Motor auf der Rückfahrt von Seeseiten nach Leoni schon bald seinen Geist aufgab und nicht mehr zum Leben zu erwecken war. Meine Eltern, die mit ihrem Auto schon nach Leoni vorausgefahren waren, vergingen fast vor Sorge, als ich bei Einbruch der Dunkelheit mit meinem Boot immer noch nicht in Sicht kam; mir blieb ja nichts anderes übrig, als den größten Teil der Strecke zu rudern, denn auch der Wind war längst schlafen gegangen. In dieser Situation hätte ich mir dann doch gewünscht, dass der Würmsee nicht ganz so groß wäre. Ein Hafen so etwa beim Bernrieder Vorsprung, an dem mich meine Strecke ja vorbeiführte, wäre sicherlich auch eine sehr willkommene Gelegenheit gewesen, um dort Hilfe zu bekommen. So aber ließ ich Bernried buchstäblich links liegen, und ahnte nicht, dass sich das eines Tages grundlegend ändern sollte.

Zurück am Wörthsee stimmte dann die Relation zwischen Seegröße und Boot wieder, so dass auch der „Stinker“ nicht mehr zum Einsatz kam; die Benützung eines Motors auf dem kleinen See wurde kurz darauf mit Recht auch offiziell verboten. Das war auch weiter nicht schlimm, denn für mich war neben dem Fischen, zu dem ich recht häufig mit meinem Vater zur schilfbestandenen Insel hinüber ruderte, nur noch das Segeln interessant und es machte mir diebische Freude, mich gelegentlich mit meinem Lugger unter die regattierenden O-Jollen zu mischen; ich erinnere mich gut, wie ich vor Stolz fast platzte, als die „richtigen Segler“ anerkennend feststellten, dass ich – zumindest vor dem Wind – genauso schnell war wie sie, und ich störte mich auch nicht weiter daran, dass sie meinen Lugger dabei recht despektierlich als „Schwamm-Schaffel“ bezeichnet haben.

Immerhin hatten meine Eltern ein Einsehen, dass der „Bub“, wie ich in ihren Gesprächen genannt wurde, endlich doch ein richtiger Segler werden wollte. Zu meiner riesengroßen Überraschung schenkten sie mir zu meiner Volljährigkeit, die damals noch mit dem 21sten Geburtstag eintrat, eine nagelneue, bei der Bootswerft Vötterl gebaute O-Jolle, mit der ich mich dann umgehend ganz offiziell an den heimischen Segelregatten beteiligte und dabei auch recht erfolgreich abschnitt. Auch auf anderen bayerischen Seen und darüber hinaus in der Schweiz und in Holland wurde *Papillon*, wie ich mein Schiff auf Vorschlag von Marianne getauft hatte, häufig gesehen.

Mit der wachsenden Familie war die Zeit des „Einhandsegelns“ schnell vorbei. Zunächst kamen nacheinander noch zwei reine Segelboote vom Typ Korsar, mit denen auch noch kräftig regattiert wurde, – Mitsegler war mein spanischer Freund Joaquin, - doch dann hatte diese Epoche ihren Reiz so langsam verloren; vor allem die Zeit, die man oft auf dem See verbrachte, ohne wegen anhaltender Flaute überhaupt vorwärts zu kommen, war letztlich zumindest für die Familie eine verlorene Zeit, und so beschloss der Familienrat die Anschaffung eines „Häuselschiffes“, wie man in Bayern alle Boote nennt, die über eine Kajüte verfügen; dies ist dann auch der Zeitpunkt, wo aus einem Boot ein Schiff wird. Es war aber auch der Zeitpunkt, wo zwar der eine Meter mehr Länge gut tat, wo sich aber auch schnell herausstellte, dass der Wörthsee für diese Art Boote einfach zu klein war. Und da die schon erwähnte Traum-Verbindung zum Ammersee immer noch nicht realisiert war, begann die Suche nach neuen Herausforderungen auf größeren Gewässern.

Dazu kam die endgültige Trennung von unserer Sommerresidenz Steinebach, nach insgesamt 36 Jahren und mit einer Wertsteigerung von einigen hundert Prozent für das Grundstück, das mir meine Eltern schon Anfang 1970 geschenkt hatten, da sie selbst altershalber nicht mehr in der Lage waren, sich in dem steilen Gelände zu bewegen.

Ja, und damit kam Bernried ins Spiel. Es war zunächst mehr eine Verzweiflungstat, denn irgendwo musste unser erstes Dickschiff nach dem Verkauf unseres Grundstücks in Steinebach ja hin, denn das Segeln, das Leben auf dem Wasser wollten wir ja keinesfalls aufgeben. Aber auch schon damals war es schwer, einen Liegeplatz so quasi vor der Haustür zu bekommen. Carl Valentin, der Münchner Kabarettist, hatte erst vor kurzem in einem Couplet getextet, dass der Starnberger See demnächst wegen Überfüllung geschlossen werden müsse. Der Drang zum Wasser war ungebrochen, die verfügbaren Ressourcen weitgehend erschöpft. Da hörte ich, dass in Bernried eine neue Marina den Betrieb aufnehmen würde und dort noch Plätze zu haben wären.

Also pilgerte ich zu dem Besitzer dieser neuen Marina, und ich brauchte gar nicht weit zu pilgern, denn der wohnte sozusagen um die Ecke, an der ich täglich vorbei kam, in der Wolfratshauser Straße am Rande von Sendling, dort wo früher die Stadt endete und jetzt der *„Bauer am Berg“* alle Hände voll zu tun hatte, das Geld, das er von Siemens für seine Äcker am Stadtrand erhalten hatte, wieder gewinnbringend anzulegen. Es war genau da, wo ich noch im letzten Kriegsjahr nur knapp dem Tod von der Schippe gesprungen war, als mich ein kapitaler, wenn auch schon gefällter Baum beinahe erschlagen hätte, als ich als Kind dort beim Indianerspielen plötzlich auf ein praktisch über Nacht abgeholztes Wäldchen traf, in dem wir sonst gern den „Wilden Westen“ nachzuahmen versuchten. Das, was für mich damals fast das Aus bedeutet hätte, sollte also zum Beginn eines neuen Lebensabschnitts der ganzen Familie beitragen.

Ich traf im obersten Geschoß eines sonst eher unscheinbaren Hauses auf Johann-Lorenz Mayr, den Sohn des „Bauern am Berg“, Vater und Sohn übrigens promoviert und keineswegs das, was man sich unter Bauern vom Stadtrand vorstellt. Jolo Mayr, der Jüngere, wohnte noch als Junggeselle in einer märchenhaften Dachwohnung, erwies sich aber als durchaus bereit, meinen sehr bescheidenen künftigen Starnberger See-Dampfer, - der See war gerade offiziell umgetauft worden und damit seinen etwas anrüchigen Würmseegeruch losgeworden -, in seine Marina aufzunehmen. Dass sich aus diesem glücklichen Umstand für mich, oder besser für meinen damals zwölfjährigen Sohn eines Tages eine für sein Leben entscheidende Weichenstellung ergab, die ihn zum Chef eben dieser neuen Marina als Pächter von Jolo Mayr machte, stand in den Sternen, und die wussten es selber noch nicht. Doch der Weg bis dahin war noch weit...

Nachzutragen zum Thema „Annäherung" ist noch, dass aus Bernried in einer Notzeit sondergleichen Hilfe zu uns gekommen war, und zwar in Gestalt einer zweiten Marianne, die für neun Jahre die krankheitshalber weitgehend außer Gefecht gesetzte erste Marianne als Haushälterin ersetzte: sie hatte im Kloster Bernried die Haushaltsschule absolviert, und war uns vom Himmel geschickt worden, als bei uns das Wasser sozusagen schon Oberkante Unterlippe stand, wie damals ein derber Spruch diese Lage auf den Punkt brachte. Auch in den Folgejahren betrachtete diese unsere treue Marianne Bernried schon als zweite Heimat, wo sie gern hinfuhr, um ihre alte Lehrmeisterin Schwester Fidelis zu besuchen, die wir später noch selbst als eine in Bernried nicht wegzudenkende feste Einrichtung erlebten.

Unser Aufenthalt, oder richtiger: der Liegeplatz unseres Schiffes „*Tom Dooly I*" in Bernried war aber nur von kurzer Dauer, denn schon im nächsten Jahr zog es uns weiter nach Süden. Ich will es vorweg- nehmen: Tom Dooly hat es dort offenbar so gut gefallen, dass er, nachdem wir ihn ein paar Jahre später in ein wieder um ein paar Meter größeres Schiff eingetauscht hatten, den Weg allein zurück nach Bernried fand, wo er heute noch in seinen alten Tagen fröhlich dümpelnd im Hafen liegt. Wir hatten inzwischen, leicht größenwahnsinnig geworden, mit ihm und seinen 22 Fuß, eine für das Meer wirklich lächerliche Größe, den Weg zum Mittelmeer gesucht und auch gefunden, wo wir im Golf von Neapel einen richtigen *„Blauwassertörn"* gesegelt haben, waren aber glücklicherweise nicht dem Verdikt verfallen, danach nach der sehr gebräuchlichen Redensart *„Sieh Neapel und stirb" auch* zu sterben. Doch es erwiesen sich die schon zitierte Seglerweisheit des zu kleinen Schiffes in sehr überzeugender Weise als richtig, und Tom Dooly sich als um einige Meter zu klein. Doch näherten wir uns im Laufe der Jahre schön langsam der für uns idealen Größe unseres wassertauglichen Schneckenhauses, die letzten Endes dann mit unserem Motorsegler *„Balimena"* endete. Die dazwischen liegenden Schiffe *„Tom Dooly II und Tom Dooly III"* übergehe ich hier, da das Kapitel „Annäherung an Bernried" sonst doch zu sehr ausufern würde.

So schließt sich also der Kreis. *Balimena* ist von uns *ohne Blick zurück im Zorn* verkauft worden, wobei uns sicher auch die Vorstellung zu Hilfe kam, dass wir ja jederzeit auch mal wieder auf dem Starnberger See mit Stephans Jollenkreuzer einen „kleinen Schlag" segeln könnten, wenn uns danach gelüstete. Tatsächlich ist es uns aber bisher – mit Ausnahme von eine paar Regatten, die ich mehr aushilfsweise absolvierte, da Stephan wegen „Regattaleitung" nicht in der Lage war, sein eigenes Schiff zu steuern, - nicht danach gewesen; wir haben ja jetzt den Himmel auch auf unserer schönen Terrasse über uns und den Gebirgsblick obendrein. Ob der Wind weht oder nicht, ist dabei fast ohne Belang.

Der Redlichkeit wegen sollte ich aber doch auch sagen, dass das Segeln generell, aber insbesondere das unberechenbare Gebaren von Wetter, Wind und Meer zunehmend zu einer Art Hassliebe geführt hat. Der prüfende Blick zum Himmel ist ganz ohne Zweifel sehr viel gelassener geworden, seit da die Verantwortung für die Sicherheit eines Schiffs und seiner Mannschaft, die doch zumindest im Unterbewusstsein ständige Alarmbereitschaft hervorrief, nicht mehr gegeben ist. Die latente Bedrohlichkeit der Wetterentwicklung ist nun in Bernried wieder auf ihr ursprüngliches Maß zurückgeführt, dem im Normalfall eher mit Neugier als mit Angst begegnet werden kann.

Noch ein letzter gewichtiger Grund dafür, dass uns Bernried so stark angezogen hat, ist natürlich auch darin zu sehen, dass wir dort mit Stephan und seiner Familie auf die „Vorhut" getroffen sind, die ja bereits seit vielen Jahren dort lebt und dieses Leben dort auch für gut befunden hat. Stephan, der das Hobby seines Vaters zum Beruf gemacht hat und Bootsbauer geworden ist, hat seine Lehre in der Bootswerft Obermeier in Pöcking gemacht und ist danach auch dort geblieben, freilich nicht ahnend, dass sein Chef Sebald Obermeier eines Tages die Leitung der Marina Bernried angeboten und übertragen bekommen würde. Als dessen Nachfolger fiel ihm dann die Leitung der Obermeier-Werft mit der Betreuung der etwa 300 in der Marina liegenden Schiffe sozusagen in den Schoß. Nun wohnen wir also knapp 200 Meter voneinander entfernt im Oberdorf von Bernried und haben wieder häufig herzlichen Kontakt, der vorher seit seinem Start in ein eigenständiges Leben und seinem Wegzug aus Großhesselohe doch nur noch sehr sporadisch zustande gekommen war.

Nun habe ich ein ganz schönes Stück weit vorgegriffen, denn wir sind ja noch gar nicht richtig in Bernried angekommen. Ganz nahe dran sind wir aber schon.

Hymnisches. *Allerheiligen*

Noch also war ich Bernried nicht richtig begegnet, also mit der Seele nahegekommen. Es war eben ein Ort, wo der Sohn Stephan beruflich „hin verschlagen“ worden war, und wir wollten ihn einfach mal besuchen, um zu sehen, wo er jetzt so lebte. Na ja, klar war uns schon, dass er da wieder einmal gehörig „Schwein“ gehabt hatte, doch das wurde halt einfach so als Beipack mitgenommen, mit uns persönlich hatte das aber erst einmal nichts zu tun.

Na ja, schön, einen „Schlag Segeln“, das könnten wir bei dem Besuch ja so mitnehmen, umso mehr, als er von seinem Schwiegervater, Dietrich Huber, dessen alten FD (Flying Dutschman) geschenkt bekommen hatte, der einfach froh war, damit das Liegeplatzproblem für sein Boot gelöst und wieder Platz in seiner Pullacher Garage bekommen zu haben. Immerhin war das ja mal eine Sensation gewesen, die mir noch bestens in Erinnerung war, als dieses „Rennboot“ praktisch eine ganz neue Dimension des Segelns eröffnete, nämlich „mit Trapez“ in den Bereich des Zirzensischen vorstieß. Und das war genau hier am Starnberger See, wo ich so in den sechziger Jahren der ersten Deutschen FD-Meisterschaft zusehend miterlebte mit dem großen Held Rolf Mulka, dessen Name damals zumindest in Segler-Kreisen in aller Munde war. Ich hatte zwar am Wörthsee auch schon Gelegenheit gehabt, mit so einer Rakete eine Regatta mitzusegeln, so mehr im Vorbeigehen, und mich auch prompt gleich nach dem Start „im Bach wiedergefunden“ (ein fachmännischer Ausdruck für *über Bord fallen)*.

Aber so dramatisch wurde dann unser kleiner Segeltörn von Bernried aus nicht. Es war ja auch schon *Allerheiligen* und die Segelsaison damit eigentlich schon abgeschlossen, aber weil es ein so herrlicher Herbsttag war, paddelten wir mit unserem Sohn ein Stück auf den See hinaus, um die ganze Pracht, zu der der Herbst fähig ist, noch einmal auf uns wirken zu lassen. Wir, das waren meine Frau und ich, die Hauptperson aber fehlte: der Wind. Gerade, dass sich die Segel gelegentlich etwas blähten, und das Schiff mit dem leisesten kleinen Trommelwirbel, den klitze-kleine Wellen durch ihr Anschlagen an der hölzernen Bordwand verursachen, bekanntgab, dass es Fahrt machte. Ja, jetzt begann ein seglerisches Erlebnis, dem ich nur mit den einem Konzert-Kritiker zur Verfügung stehenden Begriffen nahekommen kann: etwa *Beethovens Sechste, der Pastorale.*

Sicher hast Du, lieber Leser, auch schon einmal einen dieser fast unwirklichen späten Herbsttage erlebt, mit einem schweren dunkelblauen Himmel, mit leuchtendem Gelb, Orange und Rot in allen Tönungen, mit herbstlich geschwängerter Luft, wo man meinen könnte, des Frühlings blaues Band des Herrn Mörike flattere, jetzt nur etwas dunkler gefärbt, durch die Luft, und Rilkes letzte Süße dränge sich mit jugendlichem Ungestüm in den schweren Wein. Alles atmete Fülle und Erfüllung. So etwa war die Stimmung über dem See. Und ich merke, dass ich nicht mit den Vokabeln einer einzigen Kunstgattung auskomme, dass ich schon die Hilfe von Polyhymnia, die ja für alle Formen von Hymnen zuständig ist, beanspruchen muss.

Ich hatte die Filmkamera dabei und versuchte, das alles aufs Bild zu bannen. Zu meiner Verblüffung sah ich auf der Mattscheibe Bilder wie von Feininger und Klee, die Konturen lösten sich auf wie bei der Palette eines Pointilisten, über dem Wasser hüpften farbige Quadrate und leuchtende Blitze. Tatsächlich habe ich später diese Erscheinungen auch auf dem Film wiedergefunden, es waren also ganz reale Lichtbrechungen, aber ich hatte immer eine Scheu, diese in einen „stinknormalen Film“ einzubauen.

Zu diesem ersten leisen Tremolo auf dem Xylophon setzten dann ganz unerwartet die Kirchenglocken vom nahen Bernrieder Kirchturm ein, erst eine, dann zwei und zuletzt alle fünf: das festliche Mittagsläuten zu Allerheiligen. Heute kenne ich auch die Töne, auf die sie gestimmt sind, die in der Regel den Anfang eines Kirchenliedes intonieren, aber damals war das Einsetzen einer neuen Glocke für mich einfach eine unglaubliche Steigerung von Fülle, Fülle ohne Ende. Die Theaterleute haben dafür einen Begriff: *zum Hinknien schön!* Ich fühlte mich eher wie angehoben auf eine neue Stufe des Daseins, und ich bin sicher, dass mir die Tränen in den Augen standen. Ja, so kam mir in den Sinn, muss es sein, *when the Saints go marching in,* und man nur noch mitsingen kann: *let me be in that number!* Allerheiligen, einmal als reines und überwältigendes Gefühl…

Ja, das war ein Tedeum der besonderen Art, ein Gloria und ein Halleluja zugleich. Warum in die Ferne schweifen und *Griechenland mit der Seele suchen,* wenn das auch ein paar hundert Meter vom Bernrieder Kloster entfernt möglich ist? Es war jedenfalls der Startpunkt für ein neues Heimatgefühl, obwohl es mir noch gar nicht so bewusst wurde. Ja, offensichtlich reagiert das Gefühl schneller als das Bewusstsein, offensichtlich hat Saint-Exupery Recht, wenn er sagt: mit dem Herzen sieht man besser.

Nachtragen möchte ich noch, dass ich einige Zeit später, als wir schon zu Bernriedern geworden waren, eine Begegnung mit Willigis Jäger hatte, in Tutzing, er als Referent, ich als Zuhörer. Und der sprach darüber, wie man Gott finden könne. Seine Antwort: Gott ist in der Stille hinter der Stille. Ich schrieb ihm danach, dass ich mit seiner Aussage nicht viel anfangen könne, für mich sei Gott die Fülle hinter der Fülle. Eine Antwort auf meinen Brief habe ich nicht erhalten; aber inzwischen glaube ich auch zu wissen, woran das liegt: beides ist richtig, aber jeweils nur ein Aspekt. Und da Vielfalt eine der erstaunlichsten Eigenschaften der Schöpfung – und damit auch des Schöpfers – ist, ist auch die Zahl der Deutungen unendlich.

Leben in Bernried

Nach diesem fulminanten Auftakt nahe dem Himmel ist es für den Berichterstatter und sicher auch für den Leser gar nicht so einfach, auf den Boden der Tatsachen zurückzukehren. Bernried ist schließlich auch nur ein Dorf im weiten Bayern, und *Pfaffenwinkel* ist erst einmal nur ein anderes Umhänge Schild. Für den Städter, der wie wir so im Hauruckverfahren dort ankommt, darf das eine oder andere als bekannt vorausgesetzt werden, was so eine Ansiedlung im ländlichen Raum, wie das heute vornehm umschrieben ist, zu bieten hat; so etwa, in ein tiefschwarzes, vermutlich ziemlich weltfremdes und verschlafenes Dorf zu kommen, mit allen Vorurteilen, die an diesem Klischee kleben, wie etwa auch das Stichwort „Filz". Tatsächlich findet man auf einer Detailkarte von Bernried die Angabe *„Bernrieder Filz", was eines der höchstgelegenen Hochmoore Bayerns* ausweist; von anderer Verfilzung habe ich sonst aber nicht viel bemerkt.

Als Erstes allerdings trafen wir überwiegend auf Erwartetes: mit der Veränderung von der Großstadt, wenn auch Randlage im Isartal, in den ländlichen Raum, noch dazu Alpenvorland und See-Lage, gab es ein Fest für alle Sinne. Wenn ich schon ein paarmal eine Anleihe bei Wim Wenders und seinem Filmtitel *Der Himmel über Berlin* aufgenommen habe, ist jetzt dringend eine Korrektur angebracht: die ja auch vielbesungene Berliner Luft hat mit der Bernrieder Luft so gut wie nichts gemein. Der Berliner Theaterkritiker Alfred Kerr, der sich viel am Starnberger See aufgehalten hat, meinte ja gar, es gebe zwei Deutschlands: in Norddeutschland ist die Tat zu Hause, in Süddeutschland die Kunst. Und da ist sicher etwas dran. Sogar schon gegenüber der nur 50 km entfernten Hauptstadt München, die ja schon vom Alpenrand profitiert, ist die Bernrieder Luft nahezu himmlisch, spürbar kräftiger und würziger, manchmal auch, wenn gerade geodelt wurde, allzu würzig, in jedem Fall so gut wie nicht von Schadstoffen belastet; die Ohren registrieren, wenn sie nicht schon vom Stadtlärm geschädigt sind, eine deutliche Verminderung des Lärmpegels. Vor 15 Jahren, also im Jahr unserer Ankunft, war das Alarmsignal der Funkstreifenwagen hier kaum einmal zu hören, inzwischen hat sich das leider auch geändert. Wie schön muss es erst gewesen sein, als die Fischerrosl ihr *Gspusi* noch mit einem weit über den See hin schallenden Jodler, *„Juchzger"* wie es in dem Buch heißt, begrüßen konnte, wenn er sich mit seinem Posthörndl gemeldet hatte! Für sie gab es damals ja außer Naturgeräuschen eigentlich nur das allfällige Glockengeläut als „Lärmbelästigung"…

Ganz besonders empfanden wir aber eine Veränderung unserer Gemütslage spürbar und positiv. Der menschliche Umgang miteinander im Ort und auch überall im bayerischen Oberland ist ein ganz anderer, als wir ihn von der Stadt gewohnt waren. Die Gesichter der Menschen, die einem begegnen, sind in der Regel freundlich zugewandt, man grüßt sich noch mit dem schönen Gruß *„Grüß Gott"*, auch wenn man sich nicht kennt. Der Stress und die Hetze des Alltags scheinen die Menschen noch nicht oder doch noch wenig zu tangieren. Selbst im *„Aldi Süd"*, der hier damals noch etwas kleiner ausgefallen war als sonst üblich, und wo schon einmal das Durchkommen mit dem Einkaufswagen wegen des gleichzeitigen Nachfüllens der Verkaufsregale gebremst von statten geht, wird die Situation vom Filialleiter mit einem *„nur langsam, mir hamm scho Zeit"* entspannt. Überhaupt ist die meist gebrauchte Floskel das bayerische „passt scho", wogegen das sonst übliche „o.k." eher noch ein Fremdwort geblieben ist.

Mein Einzug in Bernried stand im Vorfeld der Landrats- und Gemeindewahlen im Zeichen einer hohen Geschäftigkeit, die mich dazu verführte, selbst mit einzusteigen, obwohl ich bisher um die Politik einen großen Bogen gemacht hatte. Bei einem privaten Abendessen im Wirtshaus „Drei Rosen", dem Bernrieder „Dorfkrug", wurde ich von Unbekannten vom Nebentisch her angesprochen, ob ich nicht Lust hätte, bei der Gründung einer neuen Liste für Bernried mitzumachen; man brauche für die Wählergruppe „über Sechzig" noch eine entsprechende Repräsentanz. Als ich nachfragte, worum es denn gehe und welches Wahlprogramm man vertrete, bekam ich zu hören, dass man das selbst noch nicht so genau wisse, aber dass die Liste wohl heißen werde:

„Bernrieder Liste für Mensch und Natur“. Als einigermaßen geübter Buchstabenjongleur sah ich sofort, dass die Abkürzung dann ja nur heißen könne: BELIMENA. Na ja, da war ich dann sozusagen schon daheim, denn da lag ich ja gleich neben BALIMENA, wie unser letztes Schiff benannt war. Ja, auch solche „Zufälle“ gibt es. Weit wichtiger und für mich überzeugender aber war der Wahlspruch, den sich Bernried schon weit früher auf die Fahnen geschrieben hat: *„Gemeinsam zum Wohle von uns allen“.*

Das Stichwort „bayerisch“ veranlasst mich noch zu einer letzten Bemerkung, die den Reigen der glücklichen Umstände vervollständigt: die Sprache.

Meine Eltern kommen ja, wie an anderer Stelle nachlesbar, beide aus Württemberg; von daher habe ich also eine rein schwäbische Vorfahrenreihe, und zwar seit „Menschengedenken“, was genealogisch bedeutet: bis zurück zum 30jährigen Krieg. Geboren bin ich allerdings in München, und ich habe immer Wert darauf gelegt, als Bayer zu gelten. Im Haus meiner Eltern musste ich zwar dialektfreies Hochdeutsch sprechen, aber in der Schule in Solln und erstrecht in Steinebach hatte ich Gelegenheit, bayerisch zu lernen, und es machte mir viel Freude, es beim Wandern oder Skifahren in den bayerischen Bergen auch zu praktizieren. In Bernried, wo die bairische Mundart noch viel gesprochen wird, fühle ich mich auch in dieser Beziehung richtig „zu Hause“. Marianne als Düsseldorferin hatte es naturgemäß wesentlich schwerer; doch gewann sie schnell zunehmend Freude an der bayerisch-barocken Lebensart, wobei die Landschaft und vor allem die Kunst im Pfaffenwinkel einen gehörigen Beitrag zu ihrer „Integration“ leisteten.

Jetzt fehlt noch das Tüpferl auf dem *„i“,* das sich prompt von selbst einstellte, und zwar in Form einer Einladung durch den Herrn Bürgermeister Steigenberger zu einer Kutschenfahrt um Bernried herum, jedenfalls um einen Teil seiner Fluren. Vorsichtshalber sollte ich aber sagen, dass das nicht zum Normalprogramm für Neubürger gehört und auch nichts mit einer besonderen Geste mir gegenüber zu tun hat, der ich ja ein ganz normaler „Kartei-Zugang“ war, sondern halt wieder so ein glücklicher Umstand. Stephan, der Bootsbauer, hatte dem Sepp, wie Bürgermeister Josef Steigenberger von seinen Freunden genannt wird, irgend einen kleinen Gefallen bei der Reparatur seines Daches getan, worauf Sepp anbot, ihm auch einmal einen Gefallen zu tun. Stephan kam auf die glänzende Idee, dass er demnächst doch einmal seinen Vater bei der Ausfahrt mit seiner Kutsche mitnehmen könne. Denn jedes Kind in Bernried weiß, dass der Sepp so etwa jede Woche einmal seine „Pferdln“ einspannen muss, damit sie nicht „einrosten“. Denn Bernried ist *das* Kutschendorf in den Voralpen, und sein Bürgermeister der erste „Fan“ und Vertreter dieses schönen Sports. Wir werden noch davon hören. Also ein absolut harmloser Fall auf einer nicht vorhandenen Dienstleistungsliste unter Freunden, für mich aber ein wunderbares Kennenlernen meiner neuen Heimat, Bürgermeister gleich eingeschlossen. Dass dieser damit auch für mich „der Sepp“ geworden ist, versteht sich am Rande und ist im ländlichen Bayern auch nichts wirklich Besonderes.

Von wegen „Tüpferl“. Wenn ich es genau besehe, folgte seither ein Tüpferl nach dem anderen, denn wir stürzten uns sozusagen ins pralle Leben Bernrieds, und das erwies sich als unglaublich vielgestaltig, lebendig und vergnüglich. Es zu schildern, stellt sich mir von Tag zu Tag, wo ich es versuche, als immer schwierigeres Problem dar. Einerseits verlangt die Aufgabe in meinen Augen nach einer gewissen Vollständigkeit, andererseits erzähle ich meinen einheimischen Lesern von Dingen und Ereignissen, die sie im Detail weit besser kennen als ich, aber finden dann für sich selbst trotzdem vielleicht zu wenig Erwähnung in ihrer speziellen Domäne.

Bestes Beispiel hierfür ist da das Thema „350-jähriges Jubiläum der Kirchweihe des wieder hergestellten Augustiner-Chorherrenstift St. Martin“, das 2012 unter reger Beteiligung der Dorfbewohner gefeiert wurde. Darüber könnte man allein ein Buch schreiben. Das, was da an Ideen, an organisatorischer und künstlerischer Arbeit investiert worden ist, ist beispiellos und es ist nur zu verständlich, wenn jeder, der sich daran beteiligt hat, sich auch in einer solchen Dokumentation wiederfinden will. Der Erfolg des Unternehmens ist dann natürlich eine gewisse Entschädigung, gewährt aber nur einen eher flüchtigen Blick auf die Vorderseite der Medaille; die Rückseite, die hineingesteckte Arbeit, sieht man hingegen nicht. Und auch das Bildmaterial, das ja heute in üppigster Form zur Verfügung steht, ist ja doch eine sehr subjektive Auswahl aus dem ganzen Geschehen. Was das besagte Jubiläum angeht, ist da sogar schier eine Überfülle an Material vorhanden, das eine Weile um die Gunst des Publikums konkurrierte. Und siehe da, ein paar Monate später ist dieses Publikum kaum noch interessiert, denn das Rad des Lebens hat sich schon wieder weitergedreht. Man hat fast das Gefühl, dass es sich immer schneller dreht und dass man sich plötzlich in der Rolle des Hamsters wiederfindet, der kaum noch hinterherkommt. Auch mein eigenes Produkt über das festliche Bernried, mein Film *VIVAT BERNRIED* teilt das Schicksal des schnellen Vergessen-Werdens. *„Das Bessre ist der Feind des Guten“* sagte man einst, heute muss man den Spruch wohl abwandeln: *„das Heute ist der Feind des Gestern“.*

Immerhin verdient es noch ein weiterer glücklicher Umstand im Zusammenhang mit den beiden Festzügen, die Bernried in den letzten Jahren zu gestalten hatte, erwähnt zu werden, und dieser glückliche Umstand hat einen Namen: er heißt Gerd Schramm. Der schon zitierte, im Verborgenen wirkende Produktionsleiter für die Umsetzung der anstehenden „Bernrieder G´schichten“

hatte vorsorglich einem Bernrieder Bürger eine besondere Gabe in die Wiege gelegt: das Interesse an historischen Gewändern, speziell an Trachten und Uniformen. Und dieser hat die ihm anvertraute Gabe offenbar nach Kräften gehegt und entwickelt, und als im Jahr 1982 das 600jährige Jubiläum der Hofmarkskirche seinen Schatten vorauswarf, kam seine große Stunde: er konnte, was kein anderer konnte, einen historischen Festzug auf die Beine stellen, mit stupendem Wissen und auch noch der glücklichen Hand, entsprechende Kostüme aufzutreiben.

Und was beim ersten Festzug mit Bravour gelang, gelang ein zweites Mal wenige Jahrzehnte später beim 350. Jubiläum der Neu-Weihe der Stiftskirche St Martin, ich möchte sagen: perfekt, denn ich kann es filmisch beweisen! Ein echtes „Bilderbuch-Fest“ mit allem, was dazu gehört, selbst das Wetter spielte voll mit, für manche Teilnehmer, vor allem die Kinder fast zu voll! Plastik-Wasserflaschen waren wegen der historischen Authentizität beim Umzug nicht zugelassen!

Wo ich schon gerade vollmundig beim Applaudieren bin, möchte ich doch den Machern solcher High Lights als „Insider“ ein Wort der Anerkennung und des Dankes sagen: es sind ja meist Leistungen, die als Gewaltleistungen nur von Zeit zu Zeit zu stemmen sind, und es ist nur zu verständlich, wenn sich dann auch einmal „Fest-Müdigkeit“ einstellt. Nach meinem Gefühl lebt Bernried – denn es sind ja immer wieder die Gleichen, die den

Karren ziehen, - am Rand seiner Leistungsfähigkeit, was wiederum auch eine Folge der gigantischen Möglichkeiten ist, die diesem „schönsten Dorf Deutschlands" gegeben sind.

In meiner Lage als Berichterstatter zwingen mich die angesprochenen Umstände aber auch dazu, von der gegebenen Fülle nur stichwortartig einen knappen Überblick zu geben und nur bei ganz wenigen Glanzlichtern zu versuchen, sie noch einmal zum Strahlen zu bringen.

Glückliche Jahre im goldenen Bernried: ein falscher Eindruck?

Ein kurzer Blick in die Geschichte dieses über Jahrhunderte hinweg nur als Klosterdorf in Erscheinung getretene Bernried bringt nicht viel anderes ans Tageslicht, als man in jeder dieser derartigen Chroniken findet: Brände, Blitzeinschläge, den Einfall feindlicher Truppen, Hungersnöte, die Pest nicht zu vergessen. Das Kloster erlebte, vor allem durch die Periode der Wallfahrten immerhin eine dreimalige Blütezeit, die letzte endete mit der Säkularisation. Danach wird das Kloster zum Schloss, es geht durch mehrere Hände des privaten Adels. Im letzten Krieg wird es Lazarett, verwahrlost übernehmen es die Missionsbenediktinerinnen aus Tutzing und päppeln es wieder auf; es wird zum Bildungshaus, hat aber inzwischen, wie fast alle kirchlich-karitativen Institutionen große Nachwuchssorgen. Die Zeiten waren und sind also nicht, wie es den Anschein haben könnte, immer von glücklichen Umständen geprägt gewesen. Da ist zum Beispiel schon eine etwas aus dem Rahmen fallende (verbürgte) Geschichte, die von einem Überfall der Panduren erzählt, die vom Ostufer des Sees zu einem direkten Raubüberfall über den zugefrorenen See mit Ross und Reiter angesetzt haben, durch gezielte Irreführung eines Fischerjungen aber eingebrochen und versunken sind, *mit Ross und Reitern.* Auch die Notiz, dass einer der Pröbste an

Christi Himmelfahrt ums Leben kam, als er eine Gipsfigur des auferstandenen Heilands demonstrativ zur Kirchendecke ziehen wollte, wie das damals üblich war, und von ihr erschlagen wurde, bleibt vielleicht noch als Kuriosität hängen; ansonsten war der Gang der Dinge aber schläfrig und weitestgehend *„as usual"*, einen Ausdruck , den man allerdings erst deutlich später zu lernen hatte. Dornröschen, die schlafende Dorfschönheit hatte ihren Prinz noch nicht gefunden!

Dagegen spricht aber nicht, dass im Kloster schon vor zweihundert Jahren ein offenbar sehr süffiges Bier gebraut wurde, das von vielen Wirtschaften am See ausgeschenkt und von den aus München mit der gerade gebauten Eisenbahn kommenden Sonntagsgästen sehr geschätzt wurde. Das war dann aber schon generell eine vergleichsweise glückliche Zeit, wovon zahlreiche Postkarten zeugen, die zu schreiben der Anlass für den Ausflug zum See für Viele damals gewesen sein mag. Man konnte es sich inzwischen leisten, am Sonntag mal eben zum See der Fürsten zu fahren und bei einer Dampfer-Rundfahrt nur so zum Vergnügen die Schönheiten seiner Heimat zu genießen und der Welt davon auch Kunde zu geben. So gesehen ist die Postkarte als das erste „soziale Medium" und als Generalangriff auf das Briefgeheimnis einzustufen und gleichzeitig der Starnberger See als die erste Münchner „Feiermeile". Das Sammeln entwickelte sich innerhalb kürzester Zeit zu einem sehr vergnüglichen Hobby, allerdings inzwischen auch zu einem teuren Spaß, wenn man sich auf Original-Postkarten verlegt. Das kann ich aus eigener Anschauung berichten, denn vor ein paar Jahren zeigte ein Bernrieder Sammler seinen Besitz mit vielen köstlichen Schätzen im Torbogensaal in einer Sonderausstellung.

Damit bin ich jetzt mit dem Thema ***Bernried und die Kunst*** im Heute angekommen, oder jedenfalls nahe dran. Ich möchte Dich einladen, lieber Leser, nun mit mir einen kleinen Rundgang ins Reich der Musen zu unternehmen.

Es wird wohl kaum verwundern, dass so ein Juwel wie Bernried immer schon Künstler angezogen hat und zahlreiche berühmte Namensträger hier ihre Spuren hinterlassen haben. Insofern ist das Buchheim-Museum da schon vom Kontext her ganz richtig verortet, Bernried sozusagen der „logische Standort“. Ich spreche aber jetzt von der zeitgenössischen Kunst, und da sind es eben wirkliche Zeitgenossen, die ihre Werke zeigen, und das heuer nun schon in der 43sten Kunstausstellung in Bernried, die dabei von Jahr zu Jahr professioneller geworden ist. Dazu kommt, dass der „Sommerkeller“ ein idealer Ausstellungsort ist und den Kunstobjekten zu musealer Strahlkraft verhilft. Für mich Laien war der Besuch immer ein Erlebnis, wozu allerdings auch mein Umgang mit der Kamera eine hervorragende Annäherungsebene hergibt, geht es doch darum, die Objekte möglichst gut ins Bild zu setzen.; das bedeutet dann so etwas wie „nachschöpferisch“ tätig zu werden. Heute hat man seine Filmkamera als eine Handy-Funktion ja immer griffbereit, aber aus meiner Sicht hat damit die Eindringtiefe, also die Beschäftigung mit dem Kunstgegenstand deutlich abgenommen und die Auseinandersetzung mit dem, was der Künstler als Botschaft „verkünden“ will, unterbleibt.

Der „Sommerkeller“ gibt dabei ein Stichwort ab, an dem sich besonders gut eine Bernrieder Tugend festmachen lässt. Jahrhunderte lang war er, einst der Eiskeller für die Kühlhaltung des Bieres, seit der Aufgabe der Braukunst in Bernried dann zum Schrottplatz der Geschichte geworden, gerade noch dazu zu gebrauchen, um das schmucke Spielzeug für das sommerliche Segel-Hobby der Schönen und Reichen im Winter vor den Unbilden der Natur zu schützen; und dann erlebt er dank des Mutes seiner Befürworter eine ungeahnte Renaissance als Veranstaltungsort für alle Gelegenheiten – meist, aber nicht nur, mit gediegenem nostalgischen Einschlag. Die Griechen hatten dafür einen ganz besonderen Zeitbegriff, Kairos, die günstige Gelegenheit, um etwas am „Schopf zu packen“, wenn eben die Zeit günstig dafür ist. Auch das gehört zum Gepäck der Musen der glücklichen Umstände!

Im Reigen der Musen kommen zuerst Euterpe und Polyhymnia, die Musen der Musik; Hesiod machte ja da einen Unterschied zwischen einfacher und festlicher Musik, und ich meine, das kommt ganz gelegen, denn

Polyhymnias Reich, große Oper und auch der Spitzenkonzertbetrieb, ist natürlich nur in München zu haben, doch das liegt ja auch noch in Reichweite. Was die etwas „leichtere Muse“ Euterpe angeht, bieten die räumlichen Möglichkeiten Bernrieds eine schier unglaubliche Fülle von Gelegenheiten. Ob der Sommerkeller, der allerdings nach langer Bauzeit erst so langsam in Fahrt gekommen ist, der Barocksaal des Klosters für „Intimeres“, also vor allem Kammermusik, ob die Tenne, die gerade kürzlich beim zweiten Bernrieder Musikfest ihr fantastisches Repertoire zur Geltung gebracht hat, oder auch das Salettl, das im Biergarten der Gaststätte „Drei-Rosen“ schon Olaf Gulbransson beherbergt hat (er feierte dort seinen Polterabend) für Lesungen und Kleinkunst, oder aber auch das Hopfen-umstandene Dach des neuen Rathauses für Open Air- Aufführungen, dieser Palette bräuchte sich auch eine mittlere Kleinstadt nicht zu schämen. Dabei ist das Areal des Museums noch nicht mitgezählt, das ebenfalls gelegentlich Konzerte darbietet.

Ich möchte von dieser Fülle nur ein einmaliges Event herausgreifen, das freilich etwas außerhalb des normalen Rahmens angesiedelt war, aber eben so das ganze Füllhorn eines glanzvollen Bernrieder Sonntag-Nachmittags in sich vereinigte.

So ganz genau kann ich auch nicht sagen, welche Umstände da zusammenkamen. Einmal darf vermutet werden, dass Mulo Francel, der mit seinem Ensemble

Quadro Nuevo schon mehrfach in Bernried zu Gast war, die treibende Kraft war, ist eine einigermaßen plausible Option, denn er hatte seine Liebe zu Bernried bei seinem letzten Auftritt schon öffentlich eingestanden. An sich sind die Gagen, die man in Bernried bezahlen kann, ganz sicher ein gutes Stück unter dem Level dieser Spitzengruppe, aber es war ja auch eher eine private Veranstaltung in intimem Rahmen, denn eingeladen hatte die Besitzerin des Teehauses, also des Pavillons am Rande des Bernrieder Parks, das die Dollar-Königin zum Chinesischen Teehaus hatte umbauen lassen und das zu sehen den Augen eines Normal-Sterblichen normalerweise verwehrt ist. Nun also sollten sich dort für einen Nachmitttag die Türen für die Öffentlichkeit öffnen, was allein schon ein Spektakel wie aus dem Märchen war. Vielleicht war es auch die Partnerin von Mulo, deren Namen mir leider entfallen ist, die ihn animiert hatte, denn sie wirkte schon von Figur und Auftreten wie Aphrodite, die Schaumgeborene höchstpersönlich, als sie sich von See her in weißem, langen Kleid ihrem Instrument näherte, schlicht, was man im jugendlichen Überschwang eine „Wucht" nannte. Und dieses Instrument war ein traumhaft schönes Orgel-Portativ, wie mir schien aus hellem Lindenholz. Und die beiden legten sich tüchtig ins Zeug, harmonierten prächtig und brachten die Zuhörer wie -schauer sowie das ganze Ambiente rundherum zum Schwingen, richtiger ist wohl der Ausdruck „Grooven". Was sie spielten, weiß ich noch so halbwegs; es war bestimmt nichts

Klassisches, eher so zwischen Jazz und Kaffeehausmusik, aber eben: ja umwerfend. Der Ausdruck passt ganz gut zu der Szene, denn nahe vor dem Ufer zogen die weißen Segel einer Segelregatta vorbei, wurden wohl von den Klängen vom Land her erreicht und kamen dem Ufer noch näher. Der Wind war eher flau und stand so, dass tatsächlich der Kurs in Ufernähe bevorzugt war und deshalb das Schauspiel wie auf der Bühne kein Ende nahm. War da nicht etwas mit dem *Schwan*, dem Lieblingstier von König Ludwig? Aber nicht von Wagner, sondern vielleicht eher *dream, baby, dream*, groovender Jazz. Nun ja, umgeworfen hat keiner der Segler, sie wirkten eher wie *der Schwanen Wachparade*, wenn es so etwas gibt. Ich gestehe, dass mir selbst die Begriffe da ein bisserl durcheinander gerutscht sind.

Das Gleiche ist mir schon einmal passiert. Wieder war es Mulo, diesmal mit seiner Normalbesetzung, also u.a. mit der wunderbaren Evelyn Huber mit ihrer goldenen Harfe. Und es war eines der ersten Open-Air-Konzerte auf dem neuen Rathaus-Dach, vielleicht sogar die „Welturaufführung." Diesmal war es der Mond, der durch die Wolken brach, ein satter Vollmond, der lustige goldgefasste Wolkenränder herbeizauberte. Ich scheue mich etwas, das Klischee vom neugierig durch den Wolkenvorhang lugenden Mond zu benutzen, aber es war mir einfach so, und ich fing samt Kamera an zu tanzen, es war der langsame Walzer: *für mich soll`s* *rote Rosen regnen* von Hildegard Knef. Im übertragenen Sinn könnte man sagen: ein Tanz zweier Symbol-Figuren, einer anfangs übermächtigen Utopie, „*Neues Rathaus*" genannt, jetzt zusammen mit dem *Phantom der Oper* unter dem Motto „*Glücklich geschafft!*". Schmalziger geht´s eigentlich nicht. Manchmal übertrifft die Wirklichkeit aber eben selbst die schmalzigste Fantasie. In jedem Fall aber ein beglückender Lohn für Jahre zwischen Hoffen und Bangen in Sachen Rathaus für alle Bernrieder, speziell natürlich für die Macher.

Wo wir doch gerade bei Süßem sind: nicht vergessen will ich darauf hinzuweisen, dass Bernried auch in dieser Hinsicht in der Weltspitze mitmischt: Seit einigen Jahren hat Franz X. Clement im renovierten Bahnhof seine wirklich erstklassige Pralinen-Produktion Chococult direkt vor den Augen des Publikums aufgezogen, es kann sozusagen „auf Augenhöhe" schon mal mit schlecken. Ich schiebe das für Naschkatzen hier ein, weil ich nicht recht weiß, welcher Muse Schokoladiges sonst zuzuordnen wäre.

Kommen wir nun zu Thalia, der Muse des komödiantischen Theaters.

Tatsächlich ist diese in Bernried ein wenig unterrepräsentiert. Aber nicht ganz.

So verirrte sich vor einigen Jahren ein Raumschiff von einem anderen Stern doch tatsächlich nach Bernried. Von der Erde hatte der Junge in dem Raumschiff, das sein Vater ihm gebaut hatte – ich weiß auch, wer diesen „Vater" – tatsächlich soll es im Wesentlichen eine „Mutter" gewesen sein - gab, denn BootsbauerInnen können auch Raumschiffe! - noch nie etwas gehört: und dann gleich in Bernried landen!!! Vor lauter Eifer hat er dann auch noch sein Raumschiff verloren, aber die Bernrieder Kinder haben ihm dabei geholfen, es wiederzufinden, es zu betanken (vorbildlich ökologisch: mit Blättern!), und so konnte *der kleine Kerl* die Rückreise auf seinen Stern antreten. Das war ein sehr hübsches Musical für Kinder und ein großer Erfolg bei seiner Aufführung im Sommerkeller unter der Leitung der damaligen Organistin Johanna Schulz.

Halt! Da hätte ich doch fast vergessen davon zu berichten, dass es in Bernried auch Hexen gibt! Ja, wenn gleich ich ein „leider" hinzufügen muss, denn sie sind nach einigen sehr gelungenen Auftritten irgendwie entfleucht. Immerhin weiß man seither, dass Bernried nicht nur einen großartigen Grüngürtel besitzt, sondern dass dieser dem Herrn Bürgermeister von seiner Frau auch noch jeden Abend umgelegt wird, dass ja nichts passiert! Ja, Hexen wissen so etwas eben. Die vier Protagonistinnen fliegen zwar noch gelegentlich herum, aber Elfriede Irlbeck, die „Alt Hexe", die das ganze inszeniert hat, hat jetzt selbst Probleme mit einer gewissen Hexe, was ihr den Wind unter dem Besen weggezogen hat. Allen Vieren wird aber ein kräftiges Bravo für ihre kabarettistischen Einlagen an Walpurgisnacht noch lange hinterher hallen.

Ich selbst, das will ich gar nicht verschweigen, habe mich auch schon auf den Brettern dieser Welt versucht und einen literarischen Zirkel in Bernried ins Leben gerufen, doch dabei nicht allzu viele Hunde hinter dem Ofen hervorgelockt; zweibeinige Bernrieder hielten wohl auch nicht so viel von der Sache, die so auch bald wieder einschlief. Dass ich hier Hunde erwähnt habe, hat schon seine Berechtigung, denn bei der ersten literarischen Veranstaltung hatte eine Autorin ihr Buch mit Lieblingsrezepten für Hunde vorgestellt, was mit meiner eigenen Buchvorstellung nicht wirklich harmonierte. Der anderen naheliegenden Erklärung für den Misserfolg des *Literarischen Zirkels*, dass es eben in Bernried sonst keine schriftstellernden Menschen gibt, traue ich nicht so recht, kenne ich doch selbst zwei „solche“.

Auch noch von anderen misslungenen Vorhaben könnte ich berichten, so etwa von der sorgenfreien Versorgung mit Wärme und Strom, *„Geothermie“* genannt. Vielleicht hat sich da einfach keine Muse dafür gefunden. Ich selbst war ein glühender Verfechter des Projekts, aber schon in meiner Liste (BELIMENA) war keine einheitliche Meinung zu erzielen. Im Nachhinein halte ich es schon beinahe auch für eine glückliche Fügung, dass der Kelch, der mit Sicherheit einen Riss durch die Gemeinde bedeutet hätte, aufgrund mangelhafter Erfolgsaussicht an uns vorbeigegangen ist.

Schuster, bleib bei deinen Leisten, so sagte man früher wohl bei allzu gewagten Unternehmungen, was im Fall Bernried etwa zu übersetzen wäre mit: bleib beim Holz und beim Fischen.

Ganz sicher kann man davon ausgehen, dass das bei den Rodungen gewonnene Holz das Grundmaterial für Bernrieds Aufstieg war, anfangs vor allem für Haus- und Schiffsbau, später für Straßen und Schienen, aber natürlich auch als Brennmaterial hohe Bedeutung hatte und zum Teil noch hat. Dazu nur noch eine kleine Randnotiz: Der Ortsteil *Hapberg,* zu dem auch unser Haus gehört, wird neben Bernried, Höhenried, Adelsried und wie die Rodungen alle heißen, schon sehr früh urkundlich erwähnt; die Herkunft seines Namens ist allerdings umstritten; Hapberg war noch am Ende des zweiten Weltkriegs mit dichten Wäldern umstanden und ein mobiles deutsch-dänisches Sägewerk war lange Zeit dafür eingesetzt, die heutigen Formationen „auszusägen“. Bedeutsamer scheint mir aber die wenig bekannte Tatsache, dass der Hapberger Weg das seltene Privileg besitzt, sowohl Teil des Jakobs-Wegs als auch Teil des Prälaten-Wegs gewesen zu sein. Der offenbar sehr belesene Bernrieder Lehrer A. Pöppl meint, Hapberg könne von Habicht kommen, und dafür spricht nach meinen Beobachtungen auch einiges, denn die große Wiese im Süden unseres Hauses gleicht einer gut gefüllten, aber netzfreien Voliere: Habichte, Turmfalken und Rotmilane gehören zu dem häufig sichtbaren Bestand an Raubvögeln.

Meine sehr persönliche Deutung des Namens ist allerdings eine andere: Im Internet fand ich, dass es im alten Ägypten mit *„Hap, dem Stier von Memphis"*, ein Symbol für Fruchtbarkeit, gegeben hat, hielt das aber für wenig zielführend. Im Englischen fand ich dann den Wortstamm *hap,* der Fortune, Chance, good luck bedeutet und vor allem in *happy* zu den meistverwendeten Wörtern der englischen und inzwischen auch der deutschen Sprache gehört; in dieser Bedeutung entspricht er auch dem am besten passenden Schlüssel für unsere hier gefundene Lebensweise: mit glücklichen Umständen.

Auf meiner literarischen Agenda steht jetzt noch ein ganz wichtiges Kapitel: Bernried und die Pferde. Auch hier ist es nicht ganz einfach, das Kapitel einer Muse zu zuordnen; am ehesten passt dazu vielleicht Terpsichore, die Muse des Tanzes, denn in ihrer Bewegung, die viele Kenner ja als vollkommen erklären, wie überhaupt in ihrer evolutionären Entwicklung kommen die Pferde ihrer Vollendung schon recht nahe. Terpsichore wird das, so denke ich mir, mit Freude und Genugtuung hören. Ich gestehe aber auch gern, dass dies eine Verbeugung vor meiner ältesten Tochter, Veronica, ist, die sowohl Tänzerin als auch begeisterte Reiterin ist, und mir damit einige Pirouetten voraus.

Was wiederum wenig bekannt ist: Bernried ist auch heute ein Pferdedorf, und was für eines! Vor einigen Wochen hat gar das Pferd *Waldgeist* den berühmten „Prix de l'Àrc de Triomphe" aus dem Gestüt Unterholz von Herrn Dietrich von Boetticher aus Unterholz, Bernried gewonnen und wird als der beste Galopper der Welt in den Listen geführt. Nach aufwendigen Umbauten ist ein absolutes Traumgelände in einer wundervollen Landschaft entstanden, das mit Recht als eines der schönsten Gestüte in Deutschland gepriesen wird. Allein schon beim Vorbeifahren wird auch den Nicht-Reitersmann eine Ahnung von dem anwehen, was seine Kollegen von der reitenden Zunft meinen, wenn sie behaupten zu wissen, wo das Glück auf dieser Erde zu finden ist.

Dazu kommt das Gestüt Adelsried im Besitz von Elisabeth Limbecker, der Schwester von Jolo Mayr. Und dann auch noch Silvia Seidl mit ihrem Westernreitstall, die als versierte Reiterin eine gediegene Reitausbildung vorwiegend für junge Reiteleven anbietet.

Das ist aber wohl kein Zufall, denn wir erinnern uns, dass schon Eduard Scharrer, der erste Mann von Wilhelmina Busch-Woods, eine beachtliche Pferdezucht in Bernried aufgezogen hat, die das in München ansässige Kutschenunternehmen Tattersall mit Pferden versorgte.

Kutschen sind auch heute noch gelegentlich eine sehr erfreuliche Bereicherung des Bernrieder Landschaftsbildes, denn einmal im Jahr veranstaltet ein überregionaler europäischer „Verein zur Förderung traditioneller Fahrkultur“ mit Sitz in Bernried einen Kutschen - Traditionswettbewerb.

Eines dieser Treffen bot mir die Gelegenheit zur filmischen Dokumentation an den schönsten Plätzen dieser wunderbaren Kulisse, vom Klosterhof über den Stifts-Park (Effner!) am See bis zur Turnierwiese, wo üblicherweise ein Leistungsvergleich von Kutschen aus mehreren Alpenländern stattfindet. Es ist einfach eine helle Freude, eine solche Veranstaltung miterleben zu können, bei der man sich in eine andere, längst vergangene Zeit zurückversetzt fühlt, und den nostalgischen Gefühlen von heiler Welt ungestört freien Lauf lassen kann. Eine lustige Pointe dieses Events sei mit Genehmigung des „Wagenlenkers“ Steigenberger berichtet, der mit seiner wunderschönen, schwarz-goldenen Kutsche aus dem Besitz von W. Busch-Woods teilnahm: kurz vor dem Zieleinlauf unterlief ihm, mit seinen Haflingern gut unterwegs, ein kleiner, aber entscheidender Fahrfehler, was er weithin hörbar mit einem „oh Scheiße!“ quittierte und dafür bei dem amüsierten noblen Publikum einen großen Lacherfolg einheimste.

Vor der Siegerehrung, die dann noch eine Weile auf sich warten ließ, kam es dann wieder zu einem dieser seltenen Augenblicke, die man im Leben nicht so schnell vergisst. Die Gespanne formierten sich spontan zu einem abschließenden gemeinsamen Trab quer über die Turnierwiese, von einer Kutsche ertönte Akkordeonmusik mit den alten Liedern des fahrenden Volkes, in die alle Beteiligten singend einfielen. Das sonst schon etwas abgedroschene Lied vom „gelben Wagen“ feierte, anders kann ich es kaum bezeichnen, „fröhliche Urständ“, die Abendsonne und ein zärtlicher Windhauch spielten *im wogenden Ährengold, und der Wagen, der rollt. Trinkt, o Augen, was die Wimper hält, von dem gold`nen Überfluss der Welt! Da würd man so gerne noch schauen, aber der Wagen der rollt…*

Wo ich gerade in meiner Laudatio bei dem Thema „Fest für die Augen“ bin, sollte aber auch ein Hinweis darauf nicht fehlen, wie erfreulich sich die Annäherung an Bernried für den von Norden kommenden Autofahrer entwickelt hat. Nachdem sich der Blick nach der meist etwas mühsamen Durchfahrt durch Tutzing geweitet hat und der See mit seiner atemberaubenden Alpenkulisse wieder zum Eye-Catcher geworden ist, nimmt plötzlich und unerwartet ein neues Szenario das Bild gefangen: Oben an der Hügelspitze glaubt man, sich einem Zirkus oder Zoo zu nähern, denn da empfangen zwei Riesen-Giraffen die Vorbeifahrenden und laden auch tatsächlich zum Besuch des Zirkus „Buffi“ und ähnlicher phantastischer Überraschungen des Herrn Buchheim ein. Man sollte sich, vor allem, wenn man mit Kindern reist, für dessen Museum gehörig Zeit nehmen, es scheint mir kein Risiko zu sein zu behaupten, damit einen Volltreffer zu landen, den diese nicht so schnell vergessen werden! Auch die leiblichen Vergnügen für Gaumen und Kehle kommen dabei nicht zu kurz; sollte man sie aber versäumt haben, so lässt sich das nur wenige Schritte weiter am Dorfeingang in einem außergewöhnlich hübschen Hofladen nachholen, der Teil des alten Hofguts ist und sich seit seiner Eröffnung großen Zuspruchs erfreut. Vor allem das Eis, so sagen meine Kinder und Enkel, sei einsame Spitze!

Und von da aus ist es dann nur ein kleiner Katzensprung hinunter zu den Gestaden am Ufer des Sees, wo das Herz des Seglers höher zu schlagen beginnt, vor allem, wenn eine stabile Hochdrucklage gegen Mittag den obligaten leichten Ostwind beschert, wenn die Takelagen von den mehreren hundert Segelschiffen an den Stegen der Marina ihr köstliches Saitenspiel zur fröhlichen Untermalung der Szenerie beitragen und auch die Nicht-Segler im Marina-Retreat, das sich inzwischen zu einem überzeugenden 4-Sterne-Restaurant in exquisiter 5-Sterne-Lage gemausert hat, ein paar Stunden purer Freude für alle fünf Sinne erwarten dürfen. Aber auch abends ist die Marina eine kaum zu überbietende Empfehlung, um das Verklingen eines genussreichen Tages zu feiern, und da kommt dann auch noch ein ganzes kostenloses Sternen-Meer zum Ambiente dazu!

Nun habe ich dieses Kapitel überschrieben: *Glückliche Jahre im goldenen Bernried.* Vermutlich erwartet meine Leserschaft, dass ich damit auch auf die Verleihung der Goldmedaillen im Wettbewerb *„Unser Dorf hat Zukunft"* in den Jahren 2006/2007 zu sprechen komme. Ich will auch gar nicht herunterspielen, dass das natürlich ein epochales Ereignis war, wenigstens gemessen an der relativ kurzen Lebenszeit eines Erdenbürgers. Zwar ist so eine Auszeichnung nicht mit einem Verfallsdatum versehen, und es wäre sicher ein ganz amüsanter Versuch herauszukriegen, wie lang sich Bernried nun das ***schönste Dorf Deutschlands*** nennen darf. Klar ist auf alle Fälle, dass jedes Jahr wieder ein neues *schönstes Dorf* kreiert wird und so nach Adam Riese letztlich alle Dörfer einmal diesen Titel bekommen werden, denn die Zahl der möglichen Titelträger ist ja endlich und rein rechnerisch ist auch die Zahl der Jahre, die nach dem heutigen Stand der Wissenschaft dem Kosmos bis an sein Ende noch gegeben wird, ebenfalls endlich. Daraus lässt sich doch eine wunderschöne Gleichung basteln, die sogar ein mathematisch unbestreitbares Ergebnis „zeitigt". Milchmädchen, an die Front!

Zweck dieses verwegenen Exkurses ist aber eigentlich nur, die schlichte Erkenntnis zu fördern, dass das Gehabe um diese Goldmedaille irgendwann auch ein Ende haben sollte. Diese Erkenntnis möchte ich dann gern ins Feld führen mit der Entschuldigung, dass sich Gold auch einmal verschlissen hat.

He! Protest, Protest! So tönt es von allen Seiten: Du kannst doch nicht einfach die schönsten Feste unterschlagen, die „GOLDFESTE“, die Bernried in den letzten Jahren, ja vielleicht gar jemals erlebt hat! Wie war das 2007 noch gleich, als die Schwester Oberin in goldenem Gewand ein selbst gedichtetes bayerisches Poem vortrug, in dem sie die Schönheiten Bernrieds zum Strahlen brachte, um nur einen Höhepunkt herauszugreifen. Ach, und die Hymne nach der Melodie „Dominique, Dominique“, das muss doch noch eine Zeitlang durch die Lande schallen als triumphale Siegesfanfare, um es allen ringsum auch gehörig kund und zu wissen zu geben!

Ja, dem ist schwer zu widerstehen.

Und die Kritik geht noch weiter: noch viel weniger darf man einfach unter den Teppich kehren, welchen Schub dieses Ereignis für das ja immer etwas zärtelnde Pflänzchen „Dorfgemeinschaft“ bewirkt hat, denn das war *einsame Spitze* (Rosenthal hätte es nicht besser gekonnt!) und lässt sich nicht so einfach wiederholen. Glücklicherweise ist das aber in Wort und Bild gut dokumentiert und somit der Nachwelt erhalten. Herz, was begehrst du mehr?

Na ja, dann müsste aber in deiner Philippika, so höre ich sagen, auch noch das Fest mit unseren und für unsere Mitbürger, die ein anderes Landesfähnchen schwingen, sozusagen das Integrations- Fest, das Fest der internationalen Verbrüderung, das im Jahr danach (2008) mit so viel Begeisterung im Sommerkeller über die Bühne ging, herausgestellt werden.

Ihr habt ja so recht, Freunde, das waren unvergessliche Feste. Ganz Bernried war in eine Art Ekstase geraten und schwang durchweg eine Oktave höher als sonst. Ich gestehe, dass mir, so wie vordem in Berlin einem amerikanischen Präsidenten (der diesem Titel noch gerecht wurde), der etwas pathetisch ausgerufen hat: *ich bin ein Berliner,* voller Stolz auf die Lippen kam: ***ich bin ein Bernrieder.***

Nun war so viel von Höhepunkten die Rede, dass die Frage aufkommen könnte, wie denn dann das normale Bernrieder Leben aussieht, sozusagen die Täler zwischen den Höhen? Ja, das ist sogar eine sehr gute Frage, denn wenn man den Versuch unternimmt, in einer Schilderung des Bernrieder Lebens auch den „Normalzustand" zur Geltung kommen zu lassen, dann kommt man schnell zu dem Ergebnis: den gibt's gar nicht, anders ausgedrückt, es ist immer etwas los. Beweis dafür ist ein „proppenvoller" Veranstaltungskalender, die Zahl der Vereine, die Veranstaltungen im Rahmen der recht lebendigen Jumelage mit dem französischen Partnerort Samoreau, die Kirchenfeste, die sportlichen Ereignisse, das Fischerstechen, der Trachtenverein, der Verschönerungsverein, der Schützenverein und nicht zuletzt die Feuerwehr.

Leicht übertrieben kann man sagen: das Jahr beginnt mit dem „Anblasen“ durch die Blaskapelle, ein schöner alter Brauch, in dem der ganzen Dorfgemeinschaft ein gutes Neues Jahr gewünscht wird, und endet mit dem „Lebendigen Adventskalender“, der im letzten Monat des Jahres ein besinnliches, aber auch fröhliches Einstimmen auf das Weihnachtsgeschehen zustande bringt. Dazwischen muss auch noch die Feier des 1. Mai, alle vier Jahre mit Maibaum-Aufstellen, das „weltgrößte“ Abbrennen des Johannifeuers, das Werftfest der Segler, ein stimmungsvolles „open air-Abendessen“, das Eisstockschießen und das Gedenken an die Toten sowie des Todeszugs der KZ-Insassen Ende April 1945 Platz finden. Dass dazu auch noch gelegentlich ein Konzert abfällt, das wegen schlechten Wetters von der Roseninsel in die Stiftskirche Bernried verlegt wurde, oder eine englische Musik-Division ein „very britisches“ Geburtstagsständchen für die Queen im Klosterhof, Bernrieds guter Stube, unter dem stramm geblähten „Union Jack“ exerziert, weil sie keinen schöneren Platz dafür finden konnte, gehört dann schon zu den opulenten Dreingaben. Die Queen hätte sicher große Freude daran gehabt.

Ja, Bernried wollte schon mit dem Augustiner-Chorherrenstift hoch hinaus, was sich auch an der Zahl seiner Glocken ablesen lässt, denn es waren von Anfang an fünf statt der üblichen vier, wovon das Bernrieder Wappen auch Zeugnis gibt.

Goldene Jahre, das habe ich aber auch als das Motto für uns beide, meine Frau und mich, als Erfüllung unseres Lebens gesehen, in der Hoffnung, dass wir noch einige Jahre geschenkt bekämen, diese in vollen Zügen bis zur Neige zu genießen. Soweit ich das heute beurteilen kann, wurde uns diese Bitte auch erfüllt, selbst wenn meine Marianne mich vor fast zwei Jahren verlassen hat. Die glücklichen Umstände haben den Witwer auch dann nicht verlassen, denn er lebt weiter in seinem Paradies, jetzt mit Veronica, der ältesten Tochter und ihrer Familie. So ist freilich nichts geworden aus der Geschichte von Philemon und Baucis; allerdings haben wir den Besuch der Götter offenbar auch verpasst, wenn er denn überhaupt stattgefunden haben sollte; so konnten wir auch nicht darum bitten, gemeinsam den Planeten verlassen zu dürfen. Sei`s drum, ich finde das Hiersein noch überwiegend wunderschön und freue mich, dass mich auch meine Muse noch nicht ganz verlassen hat, wie ich aus einer leicht fließenden Feder meine schließen zu dürfen. Goldene Jahre waren es allemal, das sei als Dank an Ovids Geschichte, auch wenn seine Götter Zeus und Hermes für uns nicht sichtbar geworden sind, festgehalten. Auf die Verwandlung in unsterbliche Bäume warten wir somit allerdings vermutlich auch vergebens.

Nach so vielen goldschimmernden Perlen, die die bisherige Schatzsuche für die inzwischen zur Schönheitskönigin avancierte Dorfschöne, die inzwischen längst aus dem Dornröschenschlaf erwacht ist, zutage gefördert hat, ist es wohl an der Zeit, ein kleines Fazit zu wagen, einen Versuch, die Beute zu einem Schmuckstück zu bündeln.

Wenn man heute in das Bernrieder Rathaus geht, dann begegnet man den beiden Goldmedaillen, die gleich am Eingang an der Wand hängen, die „Sieger- Medaillen“ aus den beiden Wettbewerben um die Gunst, sich als schönstes Dorf Deutschlands bezeichnen zu dürfen. Dabei sollte man im Auge haben, dass es sich dabei doch um zwei recht unterschiedliche Ausschreibungen handelte. War der erste Bewerb sehr undifferenziert unter dem Stichwort „Schönheit“ des Dorfes zu sehen, oft auch etwas belächelt als Balkon-Blumen-Wettbewerb, so ist der zweite Wettbewerb schon vom Namen her sehr viel ambitionierter überschrieben mit „Unser Dorf hat Zukunft “. Und ich kann mir da ein recht gutes Urteil erlauben, denn ich habe etliche Jahre lang ziemlich regelmäßig die monatlichen Gemeinderatssitzungen besucht und miterlebt, wie man immer wieder neu versucht hat, der selbstgesetzten Devise treu zu bleiben, einem sanften Tourismus in Verbindung mit Naturgenuß und Kulturveranstaltungen die oberste Priorität einzuräumen. Und ich habe gesehen, wie sich das Ortsbild von Bernried ganz erheblich von einem kaum wahrzunehmenden, unscheinbaren, ja charakterlosen Durchfahrtsort zu einer eigenständigen, selbstbewussten und einladenden Ausstrahlung fortentwickelt hat.

Und ich habe die Begehungen des Juryteams, übrigens unter reger Anteilnahme der Bernrieder Bevölkerung, mit der Kamera begleitet. Es wurden da nicht nur potemkinsche Dörfer aufgebaut, sondern schon sehr reale Pläne gezeigt, die zu einer lebenswerten Zukunftsgestaltung des Orts führen sollen. Ich glaube, dass zu der Zeit auch der Begriff „Nachhaltigkeit" geboren wurde, der die ganze Entwicklung seither maßgeblich beeinflusst. Bernried war da in der glücklichen Lage, wirklich spektakuläre Projekte präsentieren zu können, die teilweise auch schon weit in der Realisierung fortgeschritten waren. Blumenschmuck gab es natürlich auch, aber der war nur noch Beiwerk.

Natürlich wurde von der Jury schon auch der Umstand gesehen, der sozusagen als die Grundlage für alles Weitere zu betrachten ist: die fantastische Lage am Fürstensee vor der majestätischen Bergkulisse, die allezeit die Menschen begeistert und sie zum „Dableiben" bewogen hat. Dieses Privileg wurde aber auch in vorbildlicher Weise erhalten. So etwa der unverbaute Zugang zum See und den Parks, der Grüngürtel, die Erhaltung des Dorfkerns und die Vermeidung von „Bausünden". Das alles sind keine Zufälligkeiten, sondern heiß erkämpfte, erfüllte Planziele der Gemeindepolitik, gelegentlich von den „Stürmern" zu Unrecht auch als Sturheit und Rückständigkeit in Misskredit gebracht.

Ganz besonders wurde bei der Prämiierung ein Punkt gesehen und bewertet, der auch mich als eher neutralen Chronisten besonders überzeugt hat: eine intakte Dorfgemeinschaft. Auch sie ist sicher zum guten Teil das Ergebnis des gemeinsamen Bewusstseins, in einem Paradies leben zu dürfen, das man sich nicht durch Zank und Streit kaputtmachen möchte; der Versuch ein für alle Beteiligten tragbares Ergebnis zu finden, dürfte sicher durch diesen glücklichen Umstand ein Stück schwerer in der Waagschale zur Geltung gekommen sein als ohne diese vorgegebene Verpflichtung gegenüber den natürlichen Vorzügen, die ja auch als eine besondere Verantwortung empfunden werden.

Dann sind es aber auch wieder glückliche Umstände, in denen keine menschlichen Zielplanungen unmittelbar zu erkennen sind, etwa, dass eine reiche Amerikanerin auf ihrer Hochzeitsreise über Bernried und die Benediktenwand stolpert, dass einem „spinnaden Kunstsammler", wie die *„Feldafinger Gulliratten"* meinen, zu seinem Museum der Phantasie einer gelungenen Symbiose von Natur, Architektur und Kunst in optimaler Lage Bernrieds, verholfen wird oder dass der Dackelkauf für einen Förster dem Ort Bernried einen die *Glücklichen Umstände* regelrecht anziehenden Bürgermeister beschert, das verdient diese Bezeichnung dann auch im Sinn des volkstümlichen Sprachgebrauchs, der freilich, das sollte nicht übersehen werden, sonst vor allem die *Verkettung unglücklicher Umstände* im Schild führt.

.

Vom Sinn. *Und vom Humanismus.*

Es mag Dir, lieber Leser, vielleicht etwas vermessen erscheinen, wenn Dein Autor, nach dem doch recht unbeschwerten Geplauder um Bernried und seine noch so bedeutenden Auszeichnungen an Goldmedaillen, noch ein übergeordnetes Manual zum Klingen bringen möchte. Es ist vor allem der Tatsache geschuldet, dass bei mir persönlich, aber auch in meinem weiteren Umfeld, die Frage immer lauter aufklingt, was das ganze Spiel auf dem „Abenteuerspielplatz Leben" eigentlich für einen Sinn hat. Tatsächlich gibt es ja im Internet gutbesuchte Foren, in denen vor allem von jungen Leuten die Frage gestellt wird, ob das Leben überhaupt einen Sinn hat. Demgegenüber möchte ich jedenfalls mit einem Schluss-Monolog die Bühne verlassen, der die Frage des Hamlet nach Sein oder Nichtsein – leicht abgewandelt in „Sinn oder Nichtsinn" - nicht so einfach unbeantwortet im Raum stehen lässt. Es ist meine Botschaft, und ich empfinde sie als dringend, auch wenn ich mit diesem Ausflug ins Transzendente mein vordergründiges Thema Bernried überschreite und deshalb auch erst einmal etwas weiter ausholen muss.

Du wirst jetzt sicher nicht mehr überrascht sein, wenn ich mich als überzeugten Humanisten bezeichne. Freilich ist meine Liebe zum griechischen Drama und darüber hinaus zu dem griechischen Götterhimmel eine anerzogene Attitüde. Die Grundlage haben schon meine

Eltern, dann aber vor allem meine Lehrer auf dem humanistischen Gymnasium gelegt, und ich gestehe, dass ich anfangs selbst gezweifelt habe, ob mein Vater in der Schulwahl die richtige Entscheidung für mich getroffen hat. Dieser Zweifel hat sich aber im Lauf der Zeit in nichts aufgelöst. Dies zu belegen wäre Material für eine eigenständige Betrachtung, kann aber notfalls auch mit einem Wort umschrieben werden. Leider ist es ein griechisches Wort, es heißt Holon, zu Deutsch etwa „GANZHEIT", *das GANZE*. Richtig Fuß gefasst hat das Wort in der Holographie, auch wenn damit noch nicht sehr viele Menschen etwas anfangen können. Wenn ich die Deutung der Lage unserer Welt in einem Satz zusammenfassen wollte, so lautete dieser: ***die Ganzheit ist in die Brüche gegangen***. Auch mit dem Sedlmayrschen Buchtitel „*Verlust der Mitte*" wäre ich als Zustandsbeschreibung einverstanden. Max Weber nannte es: die Entzauberung der Welt. Wenn ich Jurist geworden wäre, wäre ich vielleicht auf die Idee gekommen, einen Musterprozess als Ankläger gegen die so hochgelobte Aufklärung anzustrengen, die diesen Verlust zu vertreten hat und sich damit sogar noch brüstet. Und der vordergründig scheinbar so erfolgreiche *Homo sapiens* ist drauf und dran, alles Erreichte zu verspielen, wenn es ihm nicht gelingt, die in den Abgrund führende Straße des Komplexes *Materialismus, Kapitalismus, Patriarchat* zu verlassen, in die ihn der Irrweg der Aufklärung gelockt hat. Es ist meiner Ansicht nach die spannendste Frage in der gegenwärtigen Phase unseres Planeten, ob es gelingt, uns als seine gegenwärtigen Bewohner bzw. Ausbeuter zu einem tragfähigeren und nachhaltigeren Modell des Lebens und Zusammenlebens aufzuschwingen. Die Notwendigkeit zu diesem Paradigmenwechsel wird zwar zunehmend erkannt, aber, wie Jesus es ausgedrückt hat: *der Geist ist willig, aber das Fleisch ist schwach.* Das sagte er zu seinen schlafenden Jüngern kurz vor seiner Gefangennahme und damit vor dem Ende seines Versuchs, die Welt zu retten (!).

„Und was hat das mit dem Humanismus zu tun?“, wirst Du jetzt fragen.

Ich meine nachweisen zu können, dass der Humanismus als einziges Modell unserer Geistesgeschichte die *Mitte, das Ganze* nicht aus dem Auge verloren hat, das den Bankrott der Physik nicht mitgemacht oder gar verursacht hat. Nun erkennt man aber inzwischen auch in naturwissenschaftlichen Kreisen, dass sich die Welt mit dem althergebrachten linear-kausalen Deutungsversuch nicht erklären lässt. Und da, wie wir inzwischen wissen, alles mit allem zusammenhängt, wird der Schrei nach einer neuen Denkweise, nach vernetzten Systemen plötzlich aus allen Lagern überlaut erhoben.

An dieser Stelle stehen wir jetzt, und das einzig Positive, das diese Position mit sich bringt, ist, dass der Ernst der Lage zunehmend erkannt wird.

Nun wird dieser Ausflug in die Sphäre des „Hintersinnigen“ unter der Flagge der „glücklichen Umstände“ von Manchen vermutlich als deplatziert empfunden. Dazu kann ich nur sagen, dass vernetztes, Holon-bezogenes Denken auch bedeutet, im Kleinen das Große zu sehen. *Wie oben, so unten* heißt die esoterische Weisheit seit alters her. Diese übersetzt in unsere Betrachtung der Geschichte und der Geschichten von und um Bernried könnte dann doch vielleicht etwas anders gesehen und gewichtet werden. Ohne mir dessen selbst so richtig bewusst zu sein, bin ich ja mit der Einbeziehung der griechischen Götterwelt, speziell der Musen, nach humanistischer Tradition von der *Gültigkeit des oben wie unten* ausgegangen; dabei ist die literarische Vorlage des Griechischen Dramas als *„Vater des Gedankens“* für Kenner sicher leicht auszumachen gewesen. Jetzt will mir scheinen, dass das damit angedeutete „Mitspielen der Götter“ bei den *glücklichen Umständen* einen weit höheren Anspruch erfüllt, als man zunächst meinen könnte. So wie ich auch davon überzeugt bin, dass die Bernrieder Luft, um das noch einmal als Stichwort aufzunehmen, eine andere Zusammensetzung hat, als etwa die von Berlin oder München, weil, wie ich meine, die hier lebenden Menschen in ihr einen ganz wichtigen und schon weitgehend verlorengegangenen charismatischen Bestandteil schmecken, als einen Beigeschmack von Schönheit, eine Leichtigkeit des Seins, ein Lächeln der Vollkommenheit, wie immer man das umschreiben kann. Und genau so, so meine ich, ist auch das Wesen des Humanismus am besten zu benennen: *als Verlangen nach Vollkommenheit*.

Bitte, lieber Leser, verstehe diese meine kurze Einlassung auf das Thema Humanismus ganz einfach als Einladung, diesem anderem „Geschmackserleben“ bei sich bietender Gelegenheit nachzuspüren; sie wird sich ganz sicher einstellen!

Ja, und dann habe ich etwas leichtfertig die Frage nach dem Sinn in den Raum gestellt, die beispielsweise jahrhundertelang bei einer Hamlet-Aufführung nicht ohne einen sehr realistischen Totenschädel auf der Bühne auskam. Lohnt es sich, zu leben? Wenn ja, wofür?

Was rührt er denn da an, ist der wahnsinnig, wirst Du jetzt vielleicht denken. Ein Thema, worüber die Welt seit Tausenden von Jahren rätselt, und das am Ende eines Büchleins über so ein Kuhdorf irgendwo an den bayerischen Alpen? Was wird er denn jetzt für einen Joker aus dem Ärmel zaubern?

Kleinlaut muss ich zugeben: diesen Joker besitze ich nicht. Und ich selbst habe mich auch ein Leben lang mit der Ausrede begnügt, dass dem Geschöpf seinem Schöpfer gegenüber ex definitione eine solche Frage auch gar nicht zusteht und dass das auch weiter gilt. Doch etwas Entscheidendes hat sich in den letzten Jahrzehnten geändert: der Mensch hat zur Kenntnis nehmen müssen, dass er sich um Dimensionen verschätzt, wenn er sich und seinen Sinnen zutraute, die

Schöpfung als eine rational verstehbare Maschine zu „knacken“. Die Welt ist nicht Physik, die Welt ist Wunder und Mysterium, eben auch Geheimnis. Der Weg, dieses Mysterium für nicht existent zu erklären, hat sich durch die neuesten Erkenntnisse der Quantenphysik mit Glanz und Gloria selbst ad absurdum geführt, und dieser Quantensprung ist nun in der Tat ein Ereignis, für das die Bezeichnung Paradigmenwechsel ganz ohne Zweifel angebracht ist. Ich meine, dass es einem alten Herrn erlaubt sein muss, diese Botschaft, der er sich mit allen seinen noch verfügbaren Geisteskräften verpflichtet fühlt, bei jeder sich bietenden Gelegenheit hinauszurufen, selbst wenn sie nicht so ganz mit seinem Thema korreliert. **Im Zeichen des „Holon“ heißt die Devise jetzt nicht mehr: *entweder – oder, sondern: sowohl – als auch.***

Zweifler und Leugner wird es freilich weiterhin geben.

Ja, und ein Letztes wäre noch zu sagen:

Wenn ich so gerne von meinen Musen spreche, so ist das nur ein anderer Ausdruck für eben das göttliche Wirken in diesem Holon, in dem alles ein Ganzes ist, oben wie unten, und alles mit allem in Verbindung steht. Zugestehen möchte ich aber durchaus, dass es an einem so schönen Ort wie Bernried etwas leichter fällt, sich für diese „Weltsicht“ zu entscheiden. Aber es bleibt dabei: **wir sind es, die sich für diese oder jene Weltsicht zu entscheiden haben,** so wie ich es schon am

Anfang meiner literarischen Parabel gesagt habe. Und genau darin sehe ich den einzig zielführenden Ansatz zu einer Änderung, zur Umkehr aus der Sackgasse und Rückkehr auf den rechten Weg. Und, auch das sei noch einmal betont: **das ist das, was jeder Einzelne an Mitverantwortung für das Gelingen des Experiments HOMO SAPIENS trägt.**

Was jetzt klingt wie die Beschwörungsformeln der Bußprediger aus der Wüste im Alten Testament und fatal nach Heuschrecken und Honig riecht, bedarf auch in meinem Verständnis dringend einer überzeugenden Korrektur, um wirklich ernst genommen zu werden. Wie kann das gelingen?

Fast traue ich mich nicht mehr, noch einmal eine Geschichte aufzutischen, die selbst mir schon langsam suspekt erscheint, die mir aber ein weiteres Mal den Hinweis auf das Wirken eines allwissenden Regisseurs für das schöne Stück mit dem Titel „Menschheits-Drama" gibt. Und erneut komme ich nicht herum, die Geschichte erst einmal in einem größeren Bogen in Szene zu setzen.

Ich nehme an, dass den meisten meiner Leser der Name *Joachim Kaiser,* der Papst der Musik-Kritik der SZ, bekannt ist, und noch mehr, dass wir im Jahr 2020 nicht nur in Bernried dessen relativ unbedeutendes 900jähriges Jubiläum seiner Geschichte, sondern weltweit den 250sten Geburtstag von Ludwig van Beethoven feiern. Aus diesem Anlass hat im Bayerischen Rundfunk eine Sendung mit dem Titel *„Kaisers Corner“* begonnen, die sich eben diesem musikalischen Weltgenie widmet; es ist wohl eine Wiederholung aus den letzten Jahrzehnten des vorigen Jahrhunderts, denn Herr Kaiser ist ja inzwischen verstorben. Und in dieser Sendung, die ich rein zufällig hörte, führte er durch Beethovens „Neunte“, die viele ja für die Krönung allen musikalischen Ausdrucksvermögens halten. Und Herr Kaiser entschlüsselte diese Schöpfung des ertaubten Beethovens nicht so sehr als kompositorischen Geniestreich, sondern als eine ekstatische Formel für das Leben und seinen Sinn, so verstand ich es. Die ganze Sinfonie, so zeigte Herr Kaiser, führt von Anfang an auf den berühmten Schlusssatz hin: die Ode an die Freude, die letztlich fast orgiastisch kulminiert.

Mir ist durchaus bewusst, dass dieses musikalische Geschehen von mir, trotz aller Bemühung, nicht in Worten darstellbar ist und es überkommt mich wieder einmal die traurige Erkenntnis, dass die menschliche Sprache doch eine im Grunde unbefriedigende Hilfskonstruktion darstellt, ja vielfach eher als *Verwirrerin denn als Klärerin* der Wirklichkeit interpretiert werden muss. Und ich erwähne es auch nur als Substitut, dass mir zu meinem 80sten Geburtstag mit der Figur des *„Kleinen Königs“* eine sehr persönliche und unmittelbare Bestätigung des Freudethemas als Lebensmotto und – Inhaltsvorgabe geschenkt wurde; einigen meiner Leser dürfte mein Buch hierüber *„Freude. Die Botschaft des Kleinen Königs“* noch in Erinnerung sein.

Ja, und diese Botschaft hat hier in Bernried eine unterschwellig immer vorhandene Bestätigung erfahren: Freude ist in meinen Augen der Mutterboden, aus dem sich alles Geschehen entwickelt als auch das Sahnehäubchen oben drauf. Das meine ich, wenn ich von der Königswürde des Menschen spreche, sich seine Welt zu zimmern, sich seinen Maßstab selbst zu schaffen, seine Daseinsberechtigung einzulösen und dem mächtigen Antrieb der Natur nach Entfaltung nachzukommen. *Freude, schöner Götterfunken…*

Mir bleibt jetzt noch, meiner Muse zu danken, dass sie mich wieder einmal so wunderbar auf schwerem Geläuf geleitet hat, wobei ich mich bei dieser Wertung allerdings nur auf das eigene Gefühl stützen kann.

Wieder einmal ist es Willigis Jäger, der die Antwort auf die Frage nach dem Sinn meisterhaft zu formulieren wusste:

Es hängt ganz entscheidend von uns ab, wie es weitergeht auf diesem Planeten. Wenn wir begreifen, dass wir selbst eine Ausdrucksform dieses transrationalen Hintergrunds sind, werden wir unseren Beitrag zur Bewahrung der Schöpfung leisten. Ganz Mensch zu sein, in diesem Augenblick, in dieser Gestalt, an diesem Ort, das ist für mich der einzige Grund, warum wir hier sind.

Unser Menschsein und die Schönheit des Universums zu feiern, das ist unsere Aufgabe.

(aus: Vorwort zu dem Buch von Brian Swimme: *Das Universum ist ein grüner Drache;* Verlag AURUM)

Meine Darlegungen zu den „***Glücklichen Umständen***" und damit auch meine Hommage an Bernried sind damit an ihr Ende gekommen. Das Wort Ende gilt aber nur für mich und meine Betrachtungen als der Grenzgänger, als der ich mich ja schon in meinem letzten Buch bezeichnet hatte. Die Umstände, die ich hier als „glücklich" beschrieben habe, mögen Bernried aber unabhängig davon und in vollem Umfang auch in diesem 21. Jahrhundert erhalten bleiben!!! Ich gehe davon aus, dass es auch weiterhin eine Vielzahl von „Aficionados" geben wird, die meiner in herzlicher Zuneigung verbundenen Dorfschönheit die verdiente Verehrung und Liebe weiter zu Füßen legen werden.

Es sei mir erlaubt, als ehemaliger nebenberuflicher Seemann meine Wünsche für sie in ein maritimes Bild zu kleiden:

So wie am 1. Mai 1996 der damalige Bürgermeister Walter Eberl bei der Taufe der „***MS Bernried***" als neues Schiff der Starnberger weißen Flotte die Taufpatin Frau Helma Huber (Ministerpräsidentengattin) beherzt in den Arm nahm und mit einem flotten Wiener Walzer (linksherum, versteht sich!) mit ihr über die Schiffsplanken in eine Zukunft hinein getanzt ist, die sich dann als mit so vielen glücklichen Umständen gesegnet erwiesen hat, so mögen die heutigen und künftigen Steuerleute das Schifflein Bernried auch weiterhin souverän und mit Fantasie **auf den Wogen glücklicher Umstände** in eine glänzende Zukunft steuern!

Dies wünscht zum Wohle aller Bernriederinnen und Bernrieder zum neunhundertsten Jubiläumsjahr aus einem Herzen voller Freude und Dankbarkeit ihr Neubürger

Manfried Fischer

Bernried am Starnberger See, zu Beginn des Jahres 2020.

Muster und Strukturen. ***Ein Nachwort.***

Vor meinem Fenster steht in einiger Entfernung eine imposante Gruppe hochgewachsener Birken, deren goldfarbene Blätter noch vor wenigen Tagen schon im ersten Morgenlicht fröhliche Unternehmungslust signalisierten. Nach einem kräftigen Herbststurm sind die Stämme nun völlig entkleidet und nackte Strukturen lassen erkennen, dass es sich um die von mir so geliebten weißen Birkenstämme handelt.

Und von Strukturen handelt auch mein Epilog.

In meinen „glücklichen Umständen“ ging es, der aufmerksame Leser wird es sicher bemerkt haben, bei allem freundlichen Komplimentieren letztlich doch auch wieder um die Grundfrage, die schon den Urknall begleitet hat: **was soll das Ganze**? Und auch ein Zweites ist wohl zwischen den Zeilen unüberlesbar immer präsent zu vernehmen gewesen: **was bleibt**?

Auf die erste Frage nach dem Sinn bin ich, soweit es unter meiner Überschrift vertretbar erschien, kurz eingegangen. So will ich mich hier auch nur noch mit einem Zusatz begnügen, der mir allerdings als Hinweis für meine Leser zu wichtig erscheint, als dass ich ihn in eine Fußnote verbannen kann. Er mag als tröstliche Hoffnung für alle diejenigen gelten, die im Hier und Jetzt den Sinn nicht entdecken konnten. Denn umso mehr ist darin die unausweichliche Notwendigkeit gegeben, dass auf das Hier und Jetzt noch etwas folgen muss, was wie das berühmte „missing link“ die Erklärung nachliefert und die Lücke, ja den Anlass für durchaus ernst zu nehmende Suizidgedanken *„aus der Welt schafft.“*

„Was bleibt“ ist eher die Frage eines „Ehrenkäsigen“, wie man im schwäbischen so schön sagt, der nur schwer mit der Tatsache fertig werden kann, dass im Nachhinein gesehen auch von dem künstlerischen Ruhm geflochtener Kränze letztlich **nichts übrigbleibt.** Gerade Künstler, die ein Leben lang einer Beschäftigung nachgegangen sind, die nichts Materielles beinhaltet, können damit schwer umgehen. Zum Vergessen braucht es noch nicht einmal das in der Vergangenheit und sicher auch heute da und dort noch gerne geübte Fanal eines Autodafé, ein Wort, das bei mir noch aus der Zeit des Nationalsozialismus hängen geblieben ist. **Staub zu Staub genügt schon**. Als davon durchaus Betroffener möchte ich mir und anderen unter dieser Krankheit Leidenden noch einmal eine zauberische Medizin verschreiben, die mich schon immer im *Faust* als bedeutungsschwere Phiole in der berühmten Nachtszene fasziniert hat. Wer seinen Faust auch nur ansatzweise im Kopf hat, wird sich erinnern, wie Faust dem Erdgeist begegnet und glaubt, nun am Ziel seines Suchens zu sein und die Lösung aller Geheimnisse erfahren wird. Hat Goethe vielleicht schon etwas von der Quantenphysik geahnt, als er die Zeilen schrieb, die

Eingang in das westliche literarische Welterbe gefunden haben?

So schaff' ich am sausenden Webstuhl der Zeit, und wirke der Gottheit lebendiges Kleid.

Bei dem Quantenphysiker Brad Gregg liest sich die Analogie so:

Man kann sich den göttlichen Ursprung wie ein unendlich großes Tuch vorstellen, welches sich weich durch das ganze Universum spannt. Ab und zu wirft es ein paar Falten, die dann als Stein, Baum, Planet oder Mensch in Erscheinung treten. Letztendlich sind alle Dinge nur Wellen in diesem Feld. (aus: *Im Einklang mit der göttlichen Matrix,* Seite 51).

Ein letztes Mal brauche ich dazu Deine Nachsicht, lieber Leser, denn ich bewege mich damit auf ein Gelände, das von Bernried meilenweit entfernt ist, ja, einer anderen Sphäre angehört. Um aber nicht ganz ins Abstrakte abzugleiten, will ich meine kleine Schluss-Apotheose aber an einem Ort festmachen, und der liegt in Tunesien, genauer in einem Teppichladen in Kairouan. Dort bin ich zum ersten Mal auf die Analogie im Bild des Lebensfadens gestoßen, der eingewebt ist in den riesigen Bildteppich, der die Geschichte der Menschheit darstellt.

Und dazu nun meine kleine Geschichte aus dem Morgenland:

Ort der Handlung: ein Teppichladen in Kairouan, Tunesien

Wir – das war meine Männercrew auf einem Segeltörn von Malta nach Tunesien – machten einen Ausflug ins Landesinnere und besuchten Kairouan, vor allem wegen seiner berühmten Moschee. Wer arabische Länder bereist hat, weiß, dass die Wege dort mit Teppichen gepflastert sind: man stolpert auf Schritt und Tritt über Leute, die einem das wenigstens einreden und auf diese Weise ihre Ware an den Mann bringen wollen. Wir folgten also auch einem geschickten Marktschreier in eine Teppich-Manufaktur, vornehm ausgedrückt. Tatsächlich fanden wir uns in einer erbärmlich dunklen Spelunke wieder, wo etwa zehn Frauen an drei oder vier Webstühlen bunte Wollfäden einknüpften. Der Tee dampfte im Kessel und wurde reichlich serviert, dazu erhielten wir - übrigens in recht gutem Deutsch – Nachhilfe in der uns weitgehend unbekannten Disziplin des Teppichwebens. Mit einigen besonders schönen und günstigen Schnäppchen, wie wir das wenigstens eine Weile glaubten, sah man die Crew etwa eine Stunde später das Gewölbe wieder verlassen, dazu neben einigem neuen Wissen mit einer guten Portion Hochachtung für die Kunsthandwerker-Tätigkeit dieser Frauen versehen.

Ich habe dazu noch einen eher spirituellen Eindruck mitgenommen, denn ich wunderte mich darüber, dass die Frauen ohne jede Arbeitsvorlage auskamen, ihren

Teppich also jeweils nach einem Muster, das sie im Kopf hatten, webten. Mir wurde erklärt, dass die Ornamentik seit alters her festgeschrieben und mangels entsprechender Druckvorlagen an einer Seitenmauer der Moschee eingemauert zu besichtigen sei. Alle Teppichweber arbeiteten also nach demselben Muster und mit denselben religiösen Symbolen. Es war eigentlich das erste Mal, dass ich die Entdeckung machte, dass es vielleicht so etwas wie Muster oder Blaupausen für die Formen der Natur im Kosmos geben könnte. Später begegneten sie mir in verschiedenen Varianten, so in dem Bauprinzip der „Blume des Lebens", in den Plänen der gotischen Kathedralen, in dem entstehenden Wissenschaftszweig der Bionik, die sich speziell damit beschäftigt, der Natur ihre Konstruktions- und Funktionsgeheimnisse abzuluchsen und technisch zu verwerten. In derselben Linie folgte dann der englische Biologe Rupert Sheldrake mit seiner Entdeckung der morphogenetischen Felder. Und nun kam diese Anita Moorjani mit der Analogie der Tapisserie als Bild für die Schöpfung und behauptete, den wahren Grund ihres Daseins erkannt zu haben:

Das Universum gibt Sinn! erkannte ich. Ich verstehe endlich, warum ich Krebs habe (…) Warum verstehe ich das alles plötzlich? Wer gibt mir alle diese Informationen? Ist es Gott? Krishna? Buddha? Jesus? Und dann wurde ich von der Erkenntnis überwältigt, dass Gott kein Wesen, sondern ein Seinszustand ist und ich mich jetzt in diesem Seinszustand befand! Ich fand mein Leben fein und komplex in alles verwoben, was ich bis dahin kannte und wusste. Meine gesamte Erfahrung war wie ein einzelner Faden, der durch die gewaltigen, komplexen Bilder einer grenzenlosen Tapisserie gewoben war. All die anderen Fäden und Farben standen für meine Beziehungen und jedes Zusammentreffen war zu einem Stoff zusammengewoben, der die Summe meines Lebens bis zum gegenwärtigen Moment bildete. Ich mochte nur ein einzelner Faden sein, doch war ich für das am Ende stehende Gesamtbild wesentlich.

Und dann kam für mich erst der Paradigmenwechsel in der Physik mit der Erkenntnis, dass es eine göttliche Matrix gibt, die die Grundlage aller Existenz umfasst, dass alles mit allem zusammenhängt, dass **nichts verloren ist** sondern nur eine Transformation in eine höhere Seinsebene stattfindet.

Ja, irgendwann in meinem Leben habe ich das schon einmal gewusst, dann aber auf dem Weg verloren und jetzt wiedergefunden. In der Kurzform eines Epilogs kann davon für den Leser zwar sicher keine Überzeugungskraft ausgehen, aber den Anstoß zu weiterer Erarbeitung wollte ich als **Gratis-Beigabe** zu meinen **Glücklichen Umständen doch noch** mitgeben.

M.F.

Anlage. *Begleitboote des Bucentaur*

Liste der Begleitboote des Bucentaur bei Hirschjagden auf dem Würmsee, nach Gerhard Schober: *Prunkschiffe auf dem Starnberger See*

Eine Liste der Schiffe, die um 1670 zusammen mit dem *Bucentaur* in der Flotte der bayerischen Herzöge verfügbar und damit bei Festen unterwegs waren, enthält:

Der Bucentaur

die Rote Halbe Galeere

das Kammerherrnschiff

das Leibjagdschiff (Blaue Galeere)

die Rote Gondel

die Grüne Gondel

die Haarfarbene Gondel

die Possenhofener Gondel

das Mundkuchlschiff

das Nebenkuchlschiff

das Kellerschiff

das Silberschiff

1 -2 Farmschiffe

4 -6 Einbäume

das Notdurftschiff

Der Liste ist zu entnehmen, dass bereits 1550 drei neue lärchene Schiffe mit Segeln aufgeführt sind.

Später, in einer Liste von 1774, wird auch noch ein „Retiradschiff (Abortschiff)“ erwähnt.

Fußnote zu Seite 14. *Adelheid von Valley*

Diese Fußnote verdiente eigentlich ein eigenes Kapitel, denn sie enthält nicht nur eine reine Sachinformation. Da ich aber bei der zeitlichen Abfolge bei der Entstehung meines Berichts bleiben möchte, die folgende Information mich aber erst nach Fertigstellung des Manuskripts erreichte, habe ich mich entschlossen, dafür die Form des Nachtrags zu wählen. Außerdem möchte ich die doch sehr ungewöhnliche Art, wie sich die Sachinformation ankündigte, nicht zum Hauptthema machen, auch um meine Leser nicht allzu sehr zu erschrecken.

Also: es geschah in der Nacht vom 21. zum 22. November 2019, als mich im Schlaf ein Ereignis weckte, das ich halb als Traum, halb als Realität wahrnahm. Es war die erschreckende Vision, soeben von einem Blitz getroffen worden zu sein, wie es mir schon als Kind gelegentlich widerfahren war. Die Empfindung war: diesmal hat dich der Blitz – es war ein Doppelschlag gewesen - richtig getroffen und dein Leben ist vorbei. Seltsamerweise sagte ich, während ich mich hochrappelte, ganz klar und deutlich ein, wie ich meine, lautes „danke", das ich ohne jeden Zweifel auf mein Buch bezog, nicht auf das doch noch einmal geschenkte Leben.

Die Nacht verging mit zunächst unbefriedigendem Grübeln. Am Morgen aber war mir klar, wo ich anpacken musste: die Geschichte mit der sizilianischen Prinzessin, die sich ein Chronist aus den Fingern gesogen hatte, um den Ruhm seines Auftraggebers in noch besserem Licht erscheinen zu lassen, was unsere Archivarin, Frau Dr. Scherbaum ja schon aufgedeckt hatte.

Ich stieg also im Internet bei Adelheid von Valley ein und fand im Stammbaum der Valleys, dass sie eine Tochter des Grafen Gebino von Weilheim war und zusammen mit ihrem Gemahl Otto I von Valley 1120 das Augustinerchorherrenstift Bernried, und 40 Jahre später auch noch zusammen mit Mann und Tochter Mathilde das Chorherrenstift Gries bei Bozen stiftete. Diese Tochter wiederum war mit Graf Arnold von Weizenstein von Bozen verheiratet. Ihr Bruder Konrad I war inzwischen als Vogt (Schirmherr) von Bernried eingesetzt, um dem selbst wehrlosen Kloster eine Art staatlicher Rückendeckung zu geben. Ob damit auch ein Hinweis auf die Herkunft des Bernrieder Weines gegeben sein könnte, wäre noch zu klären.

Das ist ja als Richtigstellung nicht gar so bedeutend, aber es hat mich dazu angeregt, noch etwas tiefer über dieses geschichtliche Phänomen des Netzwerks aus Adel und Kirchenfürsten nachzusinnen, das im Kern der damaligen Machtpolitik existierte. Mir jedenfalls hat der nächtliche Hinweis einen ganz gehörigen Schub in Sachen Verständnis der „Reichswerdung“ meiner bayerischen Heimat gegeben.

Fußnote zu „Allerheiligen“.

Ich möchte meine Leser gern an einem Erkenntnisgewinn teilhaben lassen, der mich noch nach Fertigstellung meines Manuskripts „ereilte“, und zwar zu der etwas mysteriösen Erscheinung an Allerheiligen, die ich in meinem Text selbst in die Nähe einer „Verzückung“ gerückt hatte, dann aber doch mit der Bemerkung, dass ich die seltsamen Lichterscheinungen nie in einem Film verwendet habe, sozusagen wieder „vom Feuer gezogen habe“. Erst ein paar Tage, nachdem ich das geschrieben habe, stieß ich durch einen Film erneut auf dieses irritierende Thema, und erkannte, dass ich bei der Segelfahrt auf dem Starnberger See durchaus realen Lichtreflexen begegnet war: *Schwingungsmustern*. In einem erst im Sommer 2019 erschienen Film, bezeichnenderweise mit dem Titel *„Seeflimmern“,* gedreht im Auftrag des BR, zeigte ein dem See und seiner Magie verfallener Fotograf, Chris Tille, Aufnahmen der Wasseroberfläche des Tegernsees, die von starken Luftschwingungen bewegt wurde, mit einem ähnlichen Ergebnis, wie ich sie damals während des Glockengeläuts an Allerheiligen im Segelboot hatte, sie mir aber als optische Täuschung oder gar als Fehler im Sensorenbereich meiner Kamera erklärte und dementsprechend nicht ernst nahm. Wer mehr über diese Erscheinungen erfahren möchte, findet dazu ausführliches Material in einem Bildband von Alexander Lauterwasser,

Klangbilder. Dass es sich dabei um physikalische Gesetze handelt, kann man inzwischen sogar gelegentlich bei Orchesterkonzerten in Form von auf Bildflächen projizierten Formenspielen verfolgen.

Verzeichnis der benutzten Quellen

1. Pfaffenwinkel, TouristenführerK. Fügener
2. Spaziergänge durch das AlpenvorlandE. Tworek
3. Unterm weißblauen Himmel, EssaysK. A. von Müller
4. Auf Trüffeljagd im FünfseenlandG. Holzheimer
5. Wellen, Wind und DorfbanditenD. Heißerer
6. Höhenried: Schloss und Klinik, Chronik
7. Museum der Phantasie, Baudokumentation
8. 50 Jahre Missionsbenediktinerinnen, Chronik
9. Der Starnberger See, Natur- und Vorgeschichte Fesq-Martin,Lang.Peters
10. Starnberger-See, EssaysE. Dempewolf
11. Prunkschiffe auf dem Starnberger SeeG. Schober
12. Bernried am Starnberger SeeBroschüre Bundeswettb.
13. Krumme Touren, ReiseführerR. Just
14. Kleine Geschichte OberbayernsW. Weithmann.
15. Von Fürsten, Fischern und FestenP. Wiede
16. Die DollarköniginP. Wiede
17. Augustiner-ChorherrenstiftW. Scherbaum
18. Die Fischerrosl, RomanM. Schmidt
19. Starnberger See, BildbandW. Eberl u. A.
20. Bernried am Starnberger See, Foto-BandG. und H. Schubert
21. Starnberger Seeflimmern, Fotos und LyrikE. Kunz
22. Grüße vom Starnberger See, PostkartenR. Gröber
23. Sagen und Legenden um das FünfseenlandG Schinzel-Peth
24. Magische Orte in BayernF. Fenzl

25. Achtung: Baustelle. M. Fischer
26. Von der FrontM. Fischer

Verzeichnis der Video-Filme von H. F. Fischer
„Bernrieder G'schichten"

1. „Bernried greift nach Gold", Dokumentation von der Begehung der Bewertungskommission *„Unser Dorf hat Zukunft"*
2. „Dorffest Bernried 2007 – Goldfeier" im Sommerkeller
3. „Kutschentreffen in Bernried 2006
4. „Einweihung des neuen Rathauses" in Bernried am 11. 4. 2008
5. „Das Buchheim-Museum feiert den millionsten Besucher" (mit E. Stoiber)
6. „Dorffest 2008 – Die Welt zu Hause in Bernried" Sommerkeller 11.10.2008
7. „So lasst uns einen Baum pflanzen", Gedenken an den KZ-Zug , 30.4.2008
8. "Garten-Hexen", Kabarett von Elfriede Irlbeck, 30.4.2009
9. „Bernrieder Leben", das Jahr 2008 mit der Kamera begleitet
10. „Hexenkessel 2009", Kabarett von Elfriede Irlbeck, 30.4.2009
11. „Die Welt schaut auf Bernried", Kabarett von Elfriede Irlbeck, 30.4.2010
12. Walter Eberl erzählt: „Bonn und die erste Medaille", „Der Dackelkauf"
13. Fahrzeugweihe der Feuerwehr Bernried am 27.6. 2010
14. „Bernrieder Gipfel", Wanderung mit der Kamera durch das Jahr 2009

15. „Bernrieder Gipfel 2010“
16. Hexenkessel 2011 „Google sieht alles“, Kabarett von Elfriede Irlbeck
17. „Der kleine Kerl vom andern Stern“, Musical mit Johanna Schulz
18. „Bernrieder Gipfel 2011“
19. Bernried feiert mit W. Eberl seinen 80. Geburtstag
20. „Kleine Geschichte der Seefahrt auf dem Würmsee“
21. „Buchheim-Museum, Grundsteinlegung am 18.7.1998, VHS, Autor unbek.
22. „Schiffstaufe der Bernried“ am 1.5.1996, VHS-Kopie, Autor Rigobert Roth
23. Vorabend der Schiffstaufe im Kloster mit Verabschiedung des alten GR am 30.4.1996, VHS-Kopie, Autor Rigobert Roth

Von Manfried Fischer sind beim Rediroma-Verlag erschienen:

"Den Wind in der Hand", mein Leben unter Segeln
ISBN 978-3-86870-346-7

Laurentiustränen
ISBN 978-3-86870-444-0

Glück und Glas
ISBN 978-3-86870-540-9

Leben im 20sten Jahrhundert
ISBN 978-3-86870-789-2

Achtung: Baustelle!
ISBN 978-3-86870-941-4

Nachlese
ISBN 978-3-96103-189-4

Nanne, die Königin von Saba
ISBN 978-3-96103-425-3

Von der Front
ISBN 978-3-96103-545-8